puy mont brien
murinais
reuillage
gand il ^ galignon
gaffion
pracemtal
st marcel
naufevre
bardonenches
merindol
baudet
y ge
lancellin
la baume de gufes
beaumont
la croix cheurieres
porhes
arzac
chiffes
gay ne
rolueroy
lattier
du mottet
uay beau grandmont
ui nti mi lles

$L^2 m$ 45, 46, 47

(les n⁰ˢ 46 et 45 sont delés
à la suite)

HISTOIRE

GENEALOGIQUE

DES FAMILLES

DE

DV PVY-MONTBRVN

ET

DE MVRINAIS.

Par M. GVY ALLARD, Conseiller du Roy, Presidens en l'Election de Grenoble.

A GRENOBLE,
De l'Imprimerie de LAURENS GILIBERT.

Se vendent
Chez la BONIFACE, Marchande Libraire,
à la Place Saint André. 1681.

Avec Privilege du Roy.

ADVIS.

Qvelque ingrate que soit ma Patrie, je luy donne pourtant tous les jours le travail que peuvent me permettre le repos & la grande tranquilité où je me trouve. Les Heros courent en foule au bout de ma plume, pour ainsi dire, & ma memoire semble estre plus libre qu'elle ait jamais esté, à me fournir ces illustres materiaux qui me servent à élever des monuments à la gloire de cette méme Patrie. On le verra par la lecture des deux Genealogies que je donne au Public; mais il sera encore plus facile de le decouvrir par d'autres ouvrages plus estendus & plus generaux, qui seront bien tost imprimés, & que bien des gens ont déja veus, & ausquels ils n'ont pas refusé leur approbation. Ie ne le dis pas pour m'attirer par avance celle des autres à qu'ils ne sont pas connus. Il en est que je ne suis point en intention de briguer, je ne me plaindray pas méme s'ils critiquent mes ouvrages par avance, à la maniere de ces Iuges qui condamnent des pretendus criminels sans avoir veu leur procez, seulement par d'injustes preventions qu'ils peuvent avoir conceuës contre eux. Mon Nobiliaire, quatre volumes de Genealogies, la Bibliotheque de Dauphiné, & les Vies du fameux Baron des Adrets, du brave Montbrun & de Calignon Chancelier de Navarre, ont esté assez estimés dans cette Province & ailleurs, pour m'inciter à continuer. Tellement qu'aprés avoir developé ce que l'Antiquité a de plus obscur, apres avoir fait cônoistre à plusieurs Gentils-hommes des ayeuls qu'ils ignoroient, apres avoir poussé plusieurs Genealogies en des siecles eloignés, & r'amassé tout ce que les Familles Nobles de cette Province ont produit d'illustre, de glorieux & de remarquable; je me vois presentement en estat de porter jusques à la Posterité la plus eloignée des connoissances dont elle sera peut-estre satisfaite. Ie spere qu'elle dira que si je n'ay eu des recompenses dãs un siecle ingrat, que du moins je les auray meritées, que si j'ay trouvé des amis infidelles que j'en devois avoir d'autres, qu'il est des gents qui sont encore auprés des premiers degrés par où ils sont montez, qui m'ont deub tendre la main, s'ils ont veu que je m'en sois aproché, bien loin de m'en avoir repoussé. Mais pourquoy faire parler un temps avenir, laissons cette même posterité en liberté de loüer nostre siecle ou de le blamer : peut-estre que je ne seray pas assez heureux pour trouver une place advantageuse auprés d'elle pour faire qu'elle approuve les faveurs de mes concitoyens en mon endroit, ou qu'elle fremisse des outrages qu'ils pourront m'avoir faits. Que sçait-on si le reste de mes jours sera aussi heureux que ma vertu & ma conduite me le peuvent faire esperer. L'Estoile qui fait nostre bonne ou nostre mauvaise fortune ne fait pas toûjours naistre des scelerats pour nous persecuter, elle peut ayder à ceux qui protegent l'innocence opprimée, elle peut inspirer de la reconnoissance à ceux qui s'en écartent, elle peut metre à l'abry ceux qui craignent le tonnerre, elle sçait desarmer ceux à qui la politique met la foudre en main; tellement que quand je serois en estat d'apprehender quelque chose pour mes ouvrages, je puis de même tout esperer en leur faveur. Côme je me vois heureusement au port, je ne dois gueres craindre ny les tempestes ny les orages, je vois de loin sans m'emouvoir toutes les agitations où les affaires du môde entrainêt les hômes, je m'éloigne autant que je puis du tumulte & du bruit, je regarde d'un œil indifferent rendre la justice ou faire des injustices, c'est à ceux qui y veulêt prendre part de s'en loüer ou de s'en plaindre, les rigueurs de nostre temps ne m'obligent point à regreter les douceurs du passé, mes Livres me tiennent lieu de tout, & je prends plus de plaisir de cultiver une fleur que l'Amitié de bien des personnes qui me paroit suspecte & interessée; tellement que je puis me dire heureux. On m'opposera possible que le Public n'a que faire de sçavoir si je le suis ou non, & la connoissance de mes sentimêts luy doit estre indifferente : je le veux advoüer, mais quand on sçait qu'un Autheur a assez de liberté, pour mettre son esprit & son genie à l'usage qu'il veut, les ouvrages qui en proviênent sont toûjours plus beaux & mieux receus : aussi ne verrat-on plus de moy que de grandes Genealogies, puis que je me répend d'avoir esté assez complaisant pour en avoir rendu publiques quelques unes, qui ne meritoient ny mes soins ny la peine d'un Imprimeur.

DU PUY.

D'Or au Lyon de Gueules armé & lampassé d'Azur.

ALLIANCES.

ACARIE.
ACHIER.
ADEMAR.
AGOUT.
AIGREVILLE.
ALAVSON.
ALLEMAN.
AMBOISE.
ARBOUVILLE.
ARCHIAC.
ARTAUD.
ASTRAUD.
AUTRAGUE.
La BALME.
BARDONNECHE:
BARJAC.
BARONAT.
Des BAUX.
BEAUVOIR.
BELLECOMBE.
BESSAY.
BILLY.
BLAIN.
BOLOGNE.
BONIFACE.
BONNE.
BRAVDON.
CALIGNON.
CAUMONT.
CHARENTON.
CHASTAIGNER.
CHAUSSEN.
CIGOGNEAU.
CLAVESON.
CLEU.

CLUYS.
COULET.
DARBON.
DONA.
DURFORT.
ESCODARS.
FARET.
FAURE.
La FIN.
FLOTTE.
FORETS.
DV FOUR.
GALBERT.
GAMACHES.
GANDELIN.
GERENTE.
GIRAUD.
GUIERCHE.
HAUTEVILLE.
JOUVEN.
LASTIC.
LAUCRES.
LENONCOURT.
LIGNEUS.
MANTONNE.
MARCEL.
MARSANE.
MARTIN.
Des MASSUES.
MOIRANC.
MONIER.
MONTAIBAN.
MONTCHENU.
MONTCLAR.
MONTLOR.

MONTROGNON.
MOROCE.
MURINAIS.
PASSAC.
PELISSIER.
PERISSOL.
PHILIBERT.
PIERRE-BUFFIERE.
POINSARD.
POISIEU.
PRIE.
Du PUY.
RAFFIN.
RAYMON.
RIVIERE.
ROBE.
Des ROLLANS.
ROSANS.
SAINT-ANDRE'.

SAINT-GELAIS.
SAINT-QUENTIN.
SALLEMAN.
SANGLIER.
SIBEUT.
SUFFISE.
TARTULLE.
THEYS.
THIAR.
TOLIGNAN.
La TOUR.
TOURNON.
VALETTE.
VAUSERRE.
VESO.
VILLEMUR.
VIRIEU.
VOHEC.
URRE.

ARBRE GENEALOGIQVE.

PREMIERE BRANCHE,

QVI EST CELLE

DE DU MAS.

Guy ou Hugues 1096.
.... de Poifieu.

Alleman I. 1115.   Rodolphe.   Romain.   Raimon,
Veronique Ademar.   grand maiftre
                                           de Saint Iean.

Hugues 1147.   Guillaume
Florie de Moiranc.   a fait branche.

Alleman II. 1229.
....

Alleman III. 1281.   Eynier.
Beatrix Artaud.

Alleman IV. 1316.   Baftet   Florimon. Ripert. Hugues. Beatrix. Agnes.
Eleonor Alleman.   a fait   ————Eleonor Arnaude Baltefard Hugues
                    branche   Humbert de Dur- de Rofans de Chauf- de Bar-
                    Iean.   fort.   fa femme. fen.   dôneche.

Alleman V. 1342.
Aynarde des Rollans.   Argiftence.

Gillet 1390.   Eynier.
Alix de Bellecombe.

Gillet II. 1416.   Artaud Eynier. François. Guillaume. Alleman. Cecille.
Florence   a fait
de Hauteville.   branche.
Beatrix de Tolignan.

Florimont. Eynier 1444. Difdier, Claude. Iean. Aymard, Beatrix. Caterine.
Caterine   Ecclef. ————Eccl. Chev.   Antoine
de Bellecombe.   Antoine.   de S.   Mrg   de Montclar.
              Guionet.   Iean.   Eleonor.

Iacques 1475. François. Aymé.
Françoise Aftraud.
Ieanne de Vefc.

Iean 1541. Iacques, Honorat 1527. Guillaume. Anne. Caterine. Magdelaine.
Peronne   Eccl.   Peronete   Claude   Iean Galbert
de Mantonne.   de Clavefon.   Charles. Claudine. de Marfane.

Pierre. François 1571.   Claude.   Anne.
     Ieanne Peliffier.   Guigonne
                 de Iouven.

Iacques 1618.   François,   Françoife.
Marthe   a fait   Hector
de Sibeur.   branche.   de Forets.

Alexandre. François 1659. Iean. Antoine. Marie.
     Antoinette de Laftic.

DEVXIEME BRANCHE,

QUI EST CELLE

DE ROCHEFORT.

François 1630.
Caterine de Suffife.

François. Laurent. Ioachim. Iean-François. Ieanne.

TROISIEME BRANCHE,

QUI EST CELLE

DE BELLECOMBE.

Artaud-Alleman 1393.
Aynarde de Murinais.

François 1419. Falcon   Antoine. Marguerite   Ieanne.
• • • • • • •   a fait la   de la Balme.   Guigues
       banche de Murinais   Boniface.

A iij

6

Gillet 1463.
. . . .

Gabriël 1524	Aymar,	Antoinette.
Caterine	Chevalier	Amieu Robe.
de Virieu.	de S. Iean.	

QVATRIEME BRANCHE,

C'eſt celle de Murinais, diviſée en deux. Je l'articule-
ray aprés celles qui ont conſervé le ſurnom de du Puy.
Falcon l'a commencée.

CINQVIEME BRANCHE,

QUI EST CELLE

DE MONTBRUN.

Baſtet 1340.
Marguerite de Montauban.

Guillaume 1362.	Hugues.	Alleman.	Beatrix.	Mabille.	Briande.
Polie de Montlor.	Armande	Gilete d'Agout		Hugues	Iacques
	de Roſans.			Ademar.	de Villemur.

Baſtet.

| Perceval. | Beatrix. |
| | Dragonet de Moroce. |

| Baſtet. | Fouquet 1406. | Baſtet. | Alleman. | Pierre-Girard. |

| Iean 1466 | Aymard, | | Ieanne. | Charlote. |
| | Chevalier de S. Iean. | | Religieuſes. |

| Fouquet 1490. | Antoine. | Morquet. | Bonne. |
| Louyſe d'Vrre. | Eccleſiaſtiques. | | Guinot du Bot. |

Aymar 1551.	Iacques.	Iean.	Nicole.	Caterine.	Blanche.	Ieanne.
Caterine Valette.		Aymar	Antoine	Gabriel.	Antoine
		de Cleu.	Faure.	Blain.	de Rivière

Aymar. Difdier. Charles 1575. Renée. Ifabeau. Ieanne. Blanche.
..... Chevalier Iuftine   Bartelemy Iean   Gafpar Laurent Alleman.
  { de S.Iean. Alleman.   deBarjact.Flotte. deTheys.Iacq. de Baronat.
  ———————Iacques. | Philip. Philibert
Pompée. Eccl. | de S. André.

Iuftine.   Louyfe. Iean 1591.   Madelaine.
François   Lucreffe de la Tour.
des Maffues. |

Charles-René. Iean.   Alexandre. René Iuftine. Antoinette. Marguerite
Françoife de Bûne.Antoinette Madelaine-a fait Baltefar Iean de   Cefar de
Claudine Monier.Ponfard. Louyfe débranche.deGe-   Tarrulle   Vauferte.
Diane de Cau- | la Fin. ———————rente. la Roque.
mont.   François.   Lucreffe. Ifabeau.
        ————————   ————————   François de Iean de
            Efperance. | Philibert._ Bologne.
            . . . . .   Cefar.
            de Dona.   ———————————
                       Marguerite.   Charlote.   Gabrielle.
                       Corneille de Aerfen. Iacques du Puy.

Iuftine.   Lucreffe.   Iacques.   Ifabeau.   Alexandrine.   Diane.
Laurent   Mary   Charlote   Alexandre Pierre Martin.
de Periffol. de Vefc. du Puy.   de Faret.

SIXIEME BRANCHE,

QUI EST CELLE

DE LA JONCHERE OV DE VILLEFRANCHE.
René 1659.
Ifabeau de Forets.
  |

Charles,Iean,Hector.Ifabeau.Lucreffe.Vranie.Iuftine.Renée. Olimpe.Madelaine.
                        ————————   Charles
                        Louyfe.Marguerite. Darbon.

SEPTIEME BRANCHE,
QVI EST CELLE DE COVDRAY.
Guillaume 1210.
. . . . .
  |

Guillaume II. 1262.
. . . . .
  |

Guillaume III. 1266.
. . . . .
  |

Pierre 1309.
Isabeau d'Aigreville.

Philipes. 1330.
. . . . . .

Guillaume IV. 1365.
Isabeau de Cigogneau.

Pierre II. 1400.	Gallard,	Ebbon,
Guillemette de Passac.	Cardinal.	Evêque de Chartres.

Pierre III.
Ieanne du Four.

Godefroy.
Ieanne de Pierre-Buffiere.

Louys.	Iean.	Philiberte.	Ieanne.	Pierrete.	Marie.	Iacquete.	Marguerite
Caterine de Prie.	. . . . .	Robert de Roche-mont.	Iean de la Guier-che.	Louys de Charentó. Iacq. de Lavres.	Iacques de Montro-gnan.	Estienne d'Autra-gnac.	de Billy.
			Louyse. Flotard de Cluis.	Isabeau. Gilbert de Bran don.	Madelaine. de Chasteau neuf.	Caterine. . . . . ;	Diane, Religieuse. de Momont.

Iean.	Ieanne.	Sufanne.	Madelaine.	Marie.	Louyse.
Philipinne de Beffay.	Antoine de Thias.	Oder d'Archiac.	Guion de Chastaigner.	George de Vohec.	Charles d'Arbouville.

George.	Françoise.
Ieanne Raffin.	Charles Acarie. Giles Sanglier.

Claude.	Philipes.	Godefroy.	Françoise.	Claudine.	Philipine.	Ieanne,
Ieanne de Lignetis.	Eccles.		Claude de S:Quentin.	Louys Chastaigner.	François de Gamaches.	Relig.

Ieanne du Puy.
Louys de Saint Gelais. |
Prejan de la Fin.

HISTOIRE

ET

PREUVES.

ES Romains jugeans bien que la gloire des peres eſt un flambeau qui allume le cœur des enfans, leur faiſoient ſouvent ſouvenir de celle de leurs anceſtres, & par la memoire de leurs belles actions ils les portoient à la vertu. Souvent auſſi ils ſe ſervoient de leurs Portraits, & des Statuës dont la veuë pouvoit les animer du deſir de les imiter.

Mais ny les Tableaux, ny les Statuës, ny les autres connoiſſances que l'on donnoit des hommes qui avoient eſté le luſtre & l'ornement des races, n'ont jamais produit des effets auſſi puiſſans que ceux que l'on tiroit des Genealogies. Ces Hiſtoires ſont des tableaux vivans où l'on peut veritablement s'inſtruire de tout ce qui regarde particulierement les Familles. L'utile, l'avantageux, & l'agreable s'y trouvent melez. On y voit les preuves des deſcendances. On y rencontre des Heros revivre avec gloire. On y apprend que ſouvent les Alliances portent le ſang juſques ſur le trône, & par des dignitez & de grands emplois qu'ont eus des predeceſſeurs en divers temps, on remarque

B

aifément quel rang les Familles doivent pretendre, &
dans quelle confideration elles font.

Auffi les premiers Peuples ont-ils dreffé des Genealogies; & l'Evangelifte n'auroit pas pû nous en faire une de
la Race de Iofeph mary de la glorieufe Vierge, fi les He-
breux n'avoient eu le foin de conferver les noms de fes
predeceffeurs.

Parmy les Nations de l'Europe les Allemans font affeu-
rément ceux qui ont plus exactement maintenus les titres
de leurs Maifons; c'eft pour cela que leurs Genealogies font
amples, bien prouvées & bien écrites. Les Polonois parmy
lefquels la Nobleffe tient un rang tres-eminent, & qui
regarde le peuple comme des Efclaves, en font auffi de
tres-particulieres & avec beaucoup d'exactitude. Mon-
fieur l'Abbé le Laboureur nous l'aprend dans fon voyage
de Pologne. Les Efpagnols en compofent avec oftenta-
tion & avec vanité. Les Italiens vont à la bonne foy, &
ne cherchent pas tant de ceremonie; car pourveu qu'ils
ayent chez eux un Arbre Genealogique par où l'on con-
noiffe les noms de leurs Ayeuls, ils ne fe foucient gueres
qu'ils ayent efté illuftres, & ils regardent peu leurs belles actions pour les faire connoiftre à la pofterité. Les Anglois ne font pas de ceux qui cherchent l'antiquité, mais
pourtant ils font vanité de leur Nobleffe, & ils en confer-
vent les marques les plus éclatantes.

Quant à nos François ils ont toûjours eu de grands
empreffemens pour fe faire dreffer des Genealogies, &
nous en trouvons de tres-anciennes. Les Familles en
ayant connu l'utilité, ont ouvert leurs trefors, & ont
fait donner un ordre à leurs titres, pour dreffer en apres
des defcendances & articuler des degrez de generation,
tels que l'on les voit en divers Ouvrages. C'eft par là que
les Familles s'immortalifent, & ce font les plus feurs mo-
yens pour juftifier de la pureté d'une origine, & de la
continuité des defcendans.

L'on n'eſt pas toûjours aſſez heureux pour eviter que le
temps ne detruiſe les papiers des maiſons, ou que le féu
ne les conſumme. Un acte ne ſe trouve pas en pluſieurs
endroits, & une Genealogie imprimée eſt aiſée à rencon-
trer. Veritablement ce ne ſeroit pas un grand avantage
de n'en avoir que comme celles qui ſe dreſſent en Italie,
mais de la maniere de celles que je fais, où je décris les
belles actions, où je fais voir quels Hommes Illuſtres une
race a produit ; on ſe peut aiſément conſoler de la perte
des titres quand on eſt ſaiſi d'une de mes Genealogies,
où ils ſont, pour ainſi dire, comme dans un inventaire.

Et j'en dois d'autant plus eſtre crû, que j'ay veu tous
les titres des maiſons lors de la recherche des faux Nobles. Monſieur Dugué Intendant en cette Province m'a-
yant fait l'honneur de me les confier, & de ſouffrir que
je luy en aye fait le fidelle rapport.

Ce n'eſt pas que pluſieurs Gentilshommes n'ayent fait
leurs productions de peu de titres, mais comme ils ont
apris le deſſein que j'ay dépuis long temps d'écrire l'Hi-
ſtoire Genealogique des Familles Nobles de Dauphiné,
ils ont pris de grands ſoins pour m'inſtruire de tout ce qui
peut contribuer à la perfection de mon ouvrage: & je puis
dire que ſi dans les autres Provinces il ſe trouve des Ge-
nealogiſtes qui ſoient auſſi riches que moy en rares & cu-
rieux memoires, qu'ils prennent autant de peine que j'en
prens de leur donner l'ordre qu'il faut, & d'en faire part
au public; la France pourra ſans doute pretendre à l'honneur d'avoir la plus ancienne & la plus illuſtre Nobleſſe
du monde, puiſque l'on n'en pourra plus douter aprés les
preuves certaines qui en auront eſté données par ſes Ge-
nealogiſtes. Ainſi les autres Nations ne s'étonneront plus
de voir tant de valeur & tant de vertu parmy nos François, puiſque la valeur eſt inſeparable de la Nobleſſe,
que la vertu en eſt le principal charactere, & que c'eſt elle
qui la doit ſoûtenir.

Mais si nostre France en general trouve de l'honneur dans ces sortes d'ouvrages, quelle utilité n'en doivent pas avoir les maisons particulieres? Sur tout lors qu'elles y remarquent les principales actions de ceux qui se sont signalez par dessus les autres de la famille, *Notans qui à quoque ortus, quos honores, quibus ne temporibus cepisset*, ainsi que les faisoit Atticus au rapport de Cornelius Nepos dans sa vie.

Quelle satisfaction n'auront pas les successeurs de tant de Heros que je trouve dans la famille de du Puy, d'apprendre la reputation de leurs ancestres, & de quel illustre sang ils seront descendus? Ils seront sans doute obligez de ne succeder pas moins à leur merite qu'à leur nom & à leurs biens, & j'espere qu'ils me sçauront gré d'avoir developé des tenebres de l'antiquité ce que je leur auray communiqué par cette Genealogie.

Cette Famille est originaire de Peyrins auprés de Romans. On n'y voit plus rien d'elle que son ancienne sepulture, & c'est beaucoup en avoir que de posseder de precieuses cendres & de glorieuses dépoüilles.

Le Diois & le Valentinois l'ont attirée. Et on y voit trois branches.

La famille de Murinais que nous avons aujourd'huy est une branche de du Puy. Je pretends de le justifier assez amplement pour n'en laisser aucune doute. C'est pour cette raison que je ne la separe pas d'avec celle de son origine, de laquelle asseurément elle feroit la cinquiéme branche, si la consideration du Nom & le changement des Emaux de leurs Armoiries ne m'obligeoit de la mettre à part de la maniere que l'on peut voir.

I. Degré.   GUY ou HUGUES du Puy.

C'est le plus ancien de cette Famille qui me soit connu. Girard de Rossillon Chef des Dauphinois qui partirent pour l'expedition de la Terre Sainte sous le regne de Philippes premier l'an 1096. le mena avec bien d'autres Gentilshommes de cette Province lors qu'il passa les mers. Ceux qui ont parlé des victoires que les François y remporterent, n'ont pas oublié de faire mention de ce Guy ou Hugues du Puy. Les uns le nomment *Wido*, les autres *Hugo*, & quelques uns *Welfo. Gauterius Cancellarius de Bello Antiocheno. Robertus Monachus Hist. Hierosol. Albertus Aquensis dicta hist. Willelmus Archiepiscop. Tyren.* & plusieurs autres Historiens en ont parlé. Ils le surnomment *de Podeolo, de Pusato, de Puteolo, & de Podio.* Il se trouva au siege que Soliman Admiral des Turcs mit devant Nicée. Et le même *Albertus Aquensis* dit qu'il s'y signala avec ceux qui *per medias acies discurrebant, & laxis frenis per medios hostes advolebant, perforantes hos Lanceis & hos ab Equis dejicientes.* Lors que la Cité d'Azare eut esté prise, le même Auteur dit que *obtinuit eam Civitatem* Wido de Pusato *, ortus de Regno Burgundia, miles egregius.* Ce ne peut estre que celuy-cy, car Peirins & les autres lieux d'auprés de Romans estoient des dependances de l'ancien Royaume de Bourgogne. Je n'ose pas asseurer que le *Wido* que le même Albert nomme *Dapifer Regni Francia* soit celuy dont nous parlons; il ne luy donne aucun surnom. L'Auteur du livre intitulé *Gesta Francorum Expugn. Hyeros.* le qualifie *Hugo probus Eques.* Il faut que parmy ceux qui passerent dans la Terre Sainte, il y en eut plusieurs de ce pays; car *Fulcherius Carnotensis de gest. Peregrin. Francor. sub anno 1097.* dit *cum hic adessent Franci, Flandri, Frisi, Galli, Britonni, Allobroges, &c.* Ce qui fait connoistre que parmy tant de peuples il y en avoit un assés grand nombre d'Allobroges pour les nommer dans la division que cet Auteur en fait. J'ay recueilly une partie des noms de nos Gentilshommes qui s'y trouverent. En voicy quelques uns. Malger de Hauteville, Anselme de Rogemont, Bernard de Tremolay, Gautier & Raymon de Saint Vallier pere & fils, Dodon de Comps, Ebrard ou Eurard de Poisieu, Girard de Rossillon, Gilbert de Montclard, Herman de la Ville de Vienne, Hugues du Bourg, Hugues de Montbel, Pierre des Alpes, Pierre Disdier, Robert du Beuf, Robert du Rosset, Rodolphe de Lans, Roger de Montmorin, Guy de Chevrieres, Alleman, Guillaume Claret, Guillaume de Rossillon, Guillaume de Granges, Claude de Montchenu, Rodolphe & Romain du Puy fils de Hugues. Ils sont surnommez *de Podio.* Je ne sçay pas le nom de leur mere, il est pourtant certain qu'elle estoit sœur d'Eurard de Poisieu, & qu'elle avoit passé la mer avec son mary. C'est ce que j'ay tiré d'un denombrement fait de ceux qui furent avec Godefroy de Boüillon dans l'expedition de la Terre Sainte, où l'on trouve *Wido de Puteolo cum uxore sua. Ebrardus de Pusato frater uxoris Widonis de Puteolo.* Voicy les noms de tous les enfans de Hugues ou Guy du Puy.

Poisieu.

1. Alleman dont je parleray dans l'article suivant.

2. Rodolphe qui suivit son pere au voyage de la Terre Sainte.

3. Romain qui fut aussi de cette pieuse expedition, comme je le tire de quelques uns des Auteurs que j'ay citez.

4. Raimon se trouva avec son pere & ses freres lors que l'on prit Hyerusalem sous la conduite de Godefroy de Boüillon. Comme il estoit extrémement pieux, il songea plûtost à visiter les Saints Lieux & les Hospitaux que de courir dans les ruës & foüiller dans les maisons pour se charger de buttin comme faisoient les autres. Il apprit que Girard qui commandoit dans l'Hospital de Saint Jean estoit dans les prisons & accablé de chaines, il y courut, & ce fut le premier qui luy donna la liberté: ensuite il se joignit à ce pieux personnage & se mit à servir les malades, à penser les blessez, & à soulager tous ceux qui par leur misere avoient besoin de secours. Les gens de qualité qui se trouvoient incommodez parmy les Chre-

tiens de l'armée receurent des marques senfibles de ses
foins. Enfin il s'appliqua avec tant de zele en cette fainte
& charitable occupation qu'après la mort de Girard il fut
fait Prefident de l'Hofpital, qu'on a dépuis appellé Grand
Maiftre, & il en fut le fecond. Il commença de l'eftre l'an
1118. Il avoit déja fervy l'Hofpital prés de vingt ans. Ce
fut luy qui divifa les Religieux en trois Claffes. Les uns
pour chanter à l'Eglife, les autres pour fervir les malades
à l'Hofpital, & les autres pour combattre contre les infidelles. Ce qui fut approuvé par le Pape Honnoré II. l'an
1127. Il fit de celebres Conftitutions pour leur conduite.
Il acquit plufieurs biens à fon Ordre. Il obtint de grands
privileges de plufieurs Souverains Pontifes, comme de
Calixte II. Honoré II. Innocent II. Eugene III. Anaftafe IV.
De l'Empereur Frederic I. dit Barbe-rouffe, de Louys le
Gros & Louys le jeune Rois de France. Il prit la ville
d'Afcalon fur les Turcs le 12. d'Aouft 1154. & il receut
tant de bleffures dans une bataille qu'il donna contre No-
radin Roy des Sarrafins, qu'il en mourut l'an 1160. âgé
de prés de quatre-vingt ans. Les Hiftoriens de l'Ordre
de Saint Jean de Hierufalem difent tous qu'il eftoit Dauphinois, natif de l'ancienne & illuftre maifon de du Puy.

II. Degré. ALLEMAN DV PVY
premier du Nom.

Demeura en Dauphiné pendant que fon pere, fa mere
& fes freres faifoient le voyage de la Terre Sainte, où fes
inclinations ne l'appelloient pas. Il eut la joye de revoir
fon pere & fa mere qui retournerent heureufement. Rodolphe l'un de fes freres mourut dans la vallée d'Efen.
Nous n'avons point appris ce que devint Romain; c'eft
ce qui a fait dire à plufieurs que Raymon & Romain ê-
toient le même. Alleman eftant donc refté dans les biens
de fa maifon tâcha par fa conduite de les conferver; &

comme il n'avoit pas moins de cœur que ses freres, il
chercha les occasions de le témoigner. Le Valentinois &
le Viennois estoient en paix. Il apprit que Guillaume
Comte de Forcalquier, d'Ambrun & de Gap, & Marquis
de Provence avoit attaqué Giraud & Giraudet Ademars,
Seigneurs de Monteil & de Grignan pour se faire rendre hommage pour la terre de Monteil : & que ce
Prince l'an 1115. s'estoit avancé jusques aux portes de
Monteil, que nous appellons Monteillimart ville de Dauphiné, afin d'obliger ces freres à le reconnoistre. Il sceut
aussi que le Comte de Valentinois avoit donné des troupes aux Ademars, il se joignit à elles & se signala en di-
verses rencontres, & même avec tant de bonheur que
ces freres avoüerent que l'eloignement du Comte de Forcalquier estoit en partie l'ouvrage d'Alleman du Puy. Ils
le reconnurent par plusieurs biensfaits, & entre autres par
quelques fiefs qu'ils luy donnerent dans des terres qui leur
appartenoient, & particulierement dans celle de Montbrun. Ils firent encor plus, car ils luy donnerent en maria-
Ademar. ge Veronique Ademar leur sœur. J'ay veu un albergement
ment du 6. des kal. de May de l'année 1143. en faveur de
cet Alleman par Guillaume-Hugues Ademar Seigneur
de Monteil d'une maison à Montbrun. Je crois que ce fut
par là que la famille de du Puy commança d'acquerir des
fonds auprés de Montbrun, & que ces acquisitions l'ont
obligé depuis de faire celle de la terre, comme je diray à la
suite. Veronique femme d'Alleman estoit fille de Giraud
Ademar Seigneur de Monteil, de la Garde & de Grignan,
& niece d'Aymar Evêque du Puy si celebre dans les guerres de la Terre Sainte. Lambert & Giraudonnet Ademar
furent ses freres. Ils moururent au siege de Hyerusalem,
& furent grands amis de Raymon du Puy Grand Maistre
de l'Ordre de Saint Jean. Hugon du Puy pere de cet Alleman les servit utilement, ce qui pourroit avoir encore
contribué à cette alliance par la recommendation de l'E-
vêque

vêque du Puy qui avoit Hugon & ses enfans en une grande estime. De cette Veronique naquirent.

1. Hugon qui sera mentionné cy-aprés.

2. Guillaume a fait branche, fonduë en celle de Saint Gelais, comme je feray voir en son lieu.

III. Degré. # HUGUES DU PUY
II. du Nom, Chevalier.

Si celuy-cy eut le nom de son ayeul, il en eut aussi les inclinations; car l'an 1147. du vivant de son pere il se croisa pour la Terre Sainte & marcha avec Amé III. Comte de Savoye. Il eut de la peine de se sauver & de s'échaper parmy ceux qui revinrent en France, qui furent en petit nombre par la mauvaise conduite de l'Empereur Conrald & du Roy Louys VII. chefs de l'armée. Saint Bernard qui avoit sollicité les Chrestiens de l'Europe à une si sainte entreprise, avoit passé en Dauphiné, & avoit obligé une partie des Gentilshommer de se preparer pour ce voyage. Je trouveray ailleurs quelque occasion de donner leurs noms. Florie de Moirenc fille de Berlion de Moirenc fut femme de Hugues. Un Chartulaire de l'Eglise de Saint Bernard de Romans me l'a appris. Voicy les termes de la Chartre. *Carta Berlionis de Moirenco.* C'est le titre. *Quidam miles nomine Berlio dedit Ecclesia Sancti Bernardi, &c.* Et sur la fin on trouve, *Laudaverunt hoc Galleria uxor ejus, Berlio & Guiffredus de Moirenco filij ejus, & Floria filia, uxor Magnifici Domini Widonis de Podio similiter laudavit & approbavit. Regnante Christo & sedente Anastasio.* C'estoit sous le Pape Anastase IV. qui siegea depuis l'an 1153. jusques en 1180. La mort de ce Hugues est incertaine, quelques memoires m'ont appris qu'il vivoit encore l'an 1220. & qu'il mourut âgé de plus de cent ans. Il eut pour fils.

Moirene

C

IV. Degré.   ALLEMAN DU PUY *II. du Nom,*
Cevalier Seigneur de Montbrun.

Voicy le premier que j'aye trouvé avoir pris la qualité de Seigneur de Montbrun. C'est ainsi qu'il se qualifie en un hommage qu'il rendit à Aymar de Poitiers Comte de Valentinois & de Diois le 5. des Kalendes de Juillet 1229. pour quelques fiefs qu'il tenoit de luy à foy & hommage dans le Diois. L'acte qui est dans les Registres de la Chambre des Comptes de Paris, & qui m'a esté communiqué par Monsieur d'Hozier, porte que c'est *de bonis alias recognitis per inclitum militem Hugonem patrem dicti recognoscentis.* Il y a apparence que ça a esté celuy-cy qui acquit la terre de Montbrun. Son alliance ne m'est pas connuë. Je remarqueray en passant que cet Alleman faisant porter quelques hardes ou meubles de Peyrins à Montbrun, ses chevaux furent arrestez par des gens de Gontard Seigneur de Chabeul, qui avoit estably un peage dans le Valentinois : & sur les plaintes qu'il en fit à l'Evêque de Valence, ce Prelat ne peut souffrir cette exaction, & alla à main armée porter ses ressentimens jusques aux portes de Chabeul. Plusieurs Gentilshommes se joignirent de part & d'autre. L'Evêque eut Giraud Bastet Seigneur de Crussol ; Guigues Seigneur de Tournon, nostre Alleman, & quelques autres. Et Artaud de Rossillon, Aymar de Bressieu, & Osaséche Flotte furent du parti de Gontard qui fut fait prisonnier & obligé de retrancher & supprimer le peage qu'il avoit temerairement estably dans un pays dont il n'estoit point Souverain. L'an 1267. & le 23. d'Octobre Alleman du Puy acheta de Guillaume son cousin des fiefs & directes qu'il avoit au lieu de Peyrins. Dans le contract il est dit que Hugues du Puy avoit esté son pere & Alleman son ayeul, & que cet Alleman premier avoit donné ces mêmes rentes à Guillaume; qualifié son fils. L'acte fut passé le Pape Clement IV. siegeant à Rome, & l'Empire Romain estant vaccant. *Sedente Clemente Papa & vaccante Imperio Romano.* Ce sont les termes. Dans l'Histoire de la maison de Poitiers composée par André du Chesne, on trouve un Hermengand du Puy present dans un acte de l'an 1239. Ce pourroit bien estre le même que cet Alleman qui eut pour enfans.

1. Alleman qui suit.

2. Eynier se trouva en la journée de Thunes, où les Affriquains furent defaits par les François l'an 1270. Il avoit suivi Saint Louys lors qu'il passa en Dauphiné pour aller en la terre Sainte. Ce passage est écrit par Joinville,

ALLEMAN DU PUY III. du Nom.

V. Degré.

Chevalier Seigneur de Montbrun, de Rhelianete, de Baux, de Solignac, de Bruis, de Bourdaux, de Peyrins, d'Anfenis & de Conifrieu.

Samuel Guichenon dans l'Histoire de Savoye, dit que cet Alleman du Puy fut l'un de ceux qui jurerent pour le Dauphin une treve qu'il avoit faite avec le Comte de Savoye l'an 1282. Humbert Dauphin & Anne sa femme eurent quelques demelez avec les Seigneurs de Hostung sur lesquels ils avoient confisqué cette terre faute d'hommage, ensuite il y eut un accord le 5. des Nones de Mars 1290. par lequel ces mêmes Seigneurs reconnurent leur terre en faveur de ce Prince & de cette Princesse. Il fut fait par l'entremise & le conseil de Jean de Saint Senin Baillif du Viennois, Jean de Goncellin Juge des Comtez de Vienne & d'Albon & de cet Alleman du Puy qualifié Demoiseau, c'est à dire fils de Chevalier. Le Seau du Dauphin & de la Dauphine fut appliqué à l'acte qu'on trouve dans la Chambre des Comptes de Grenoble. Alleman du Puy acheta la terre de Rhelanete de Raymond

C ij

de Meüillon le 2. de Fevrier 1296. Le même Dauphin porta fes armes dans le Gapençois contre l'Evêque de Gap, qui refufoit de luy rendre hommage pour quelques terres qu'il tenoit de fonFief.L'Evêque fe deffendit,&il y eut plufieurs rencontres qui furent fanglâtes. Cette guerre eût continué fi le Roy de France, le Comte de Provence & quelques Prelats de Dauphiné ne fe fuffent employez pour les accommoder. Ils nommerent des Arbitres, & par leur entremife leurs differens furent terminez par un acte du 5. de Septembre 1300. où parmi les témoins je trouve cet Alleman du Puy qui eftoit Confeiller du Dauphin. Comme Jean fils de Humbert & d'Anne Dauphine êtoit heritier de fa mere, & par confequent maiftre de cette Province, car Anne eftoit reftée feule de la deuxiéme race de nos Princes : ce Jean fon fils confirma cet accommodement, par un autre acte du même jour où Alleman du Puy fut encore témoin. Il prefta de l'argent au Dauphin Humbert par contract de l'année 1301. pour payer la dot d'Alix de Viennois fa sœur, mariée à Jean Comte de Forets. Il fit fon teftament le 23. de Septembre 1304. Il ne mourut pourtant pas auffi toft; car il fit un partage le 8. d'Aouft 1308. avec Eynier fon frere des biens qui avoient efté à Alleman leur pere, & de ceux qu'ils avoient acquis de Guillaume leur coufin qui eftoit allé demeurer en Berry où il s'eftoit marié, comme je di-

Artaud. ray en la branche de ce Guillaume. Beatrix Artaud fut fa femme. Elle eftoit fille de Pierre-Yfoard Artaud Seigneur *Tournon.* de Glandage, & d'Alix de Tournon.

    1. Alleman qui a fait la premiere Branche.

    2. Baftet qui a fait celle de Montbrun.

    3. Florimond ne fut point marié.

    4. Ripert Confeigneur de fainte Euphemie, eut pour *Durfort.* femme Eleonor de Durfort, Dame en partie de fainte Euphemie; & pour fille Argiftence du Puy, pour laquelle il fit hommage au Dauphin Charles de France le 25. de Septembre 1349.

5. Humbert qualifié Chevalier dans un hommage qu'il rendit au Dauphin Humbert le 21. de Fevrier 1334. Quelques années aprés on vit paroiftre un Humbert du Puy Cardinal qui mourut l'an 1350. à qui Frifon donne pour Armoiries un Lyon *in Gallia purpurata*. Plufieurs l'ont creu de cette Famille, & ce pourroit bien eftre celuy-cy.

6. Jean fut l'un de ceux qui prefterent hommage au même Dauphin le 2. de Janvier 1334.

7. Hugues, acquit de Reymond de Montauban tant à fon nom qu'en celuy de Baftet fon frere la moitié des terres de Montbrun, de Chafteau-Raybaud, de Vergaux, de Soliguac, & de Ferraffieres par contract du 25. de Decembre 1316. Ce qui fait voir que c'eft en divers temps que cette Famille s'eft renduë maiftreffe de la Terre de Montbrun. Ce même Hugues avoit auffi la Terre de Rhelanes car il en fit hommage au Dauphin Guigues le 13. de Septembre 1321. Elle eft au Diocefe de Gap. Il en fit un autre pour la même Seigneurie le 28. de Mars 1332. où il prend la qualité de Chevalier & de Seigneur de Bruis, & de Rhelane. Il avoit eu Bruis par le moyen d'Arnaude de Rofans fa femme Dame de Bruis & en partie de Rofans *Rofans.* & de Montmaurin. Elle eftoit fa veuve en 1340. car elle fe qualifie ainfi dans une dônation qu'elle fit le 6. de Novembre de la même année à Perceval du Puy fils d'un autre Hugues du Puy dont je feray mention à la Branche de Montbrun & d'Arnaude de Rofans fa niece, de ce qu'elle avoit fur les terres de Rofans & de Montmaurin. Cette dônation fut confirmée le même jour par le Dauphin dans la maifon de Jordan de Rofans au lieu de Montmaurin. Hugues mourut fans enfans, & fit heritier Baftet fon frere.

8. Agnés eut pour mary Hugues de Bardonneche. *Bardonneche.*

9. Beatrix époufa Baltefard de Chauffen. *Chauffen.*

ALLEMAN DU PUY *IV. du Nom,*
Seigneur de Peyrins, d'Anfenis, & de Conifrieu.

Se trouva parmy les Gentilshommes qui devoient fuivre le Comte de Valentinois lors que le Roy Philippes V.
luy ordonna de le joindre comme fon vaffal, pour aller
attaquer les Flamans, de qui il fe plaignoit, l'an 1316. Ce
voyage ne fe fit pas, neantmoins Alleman avoit levé des
foldats & les tenoit prets pour partir au premier ordre
qu'il en eût receu. Le Roy Philippes de Valois renouvel-
la la guerre contre ces mêmes Flamans, & de tous coftez
il tâcha de tirer des gens pour en faire une Armée confi-
derable & l'employer dabord utilement. Alleman y fut
comme volontaire, & il combattit vaillamment en la journée de Caffel, où ces rebelles furent defaits l'an 1329.
J'ay déja dit en l'article de Jean du Puy frere d'Alleman,
que celuy-cy fut du nombre des Gentilshommes de Dauphiné qui prefterent hommage au Dauphin Humbert le
Aleman   2. de Janvier 1334. Eleonor Alleman fut fa femme. Elle
eft ainfi qualifiée dans un acte de l'an 1329. où il eft
dit que Jean Alleman Seigneur de Lentiol eftoit fon pere
& qu'elle avoit pour fœur Ifabeau Alleman mariée à
Humbert Auberjon. Le mauvais menage de cet Alleman
du Puy luy fit perdre la plus grande partie de fes biens,
tellement qu'il luy en refta peu, dont il fit heritier fon fils
nommé comme luy.

ALLEMAN DU PUY,
V. du Nom.

des Ro-
lands.   Aynarde des Rollans fille de Noble Gillet des Rollans.
Eftant reftée fa veuve, elle tranfigea en cette qualité avec
Gilles du Puy fon fils le 22. de Janvier 1362. Apparam-

ment son mary mourut jeune aprés en avoir eu deux
enfans nommez.

1. Gilles qui a continué.

2. Eynier, dit habitant de Peyrins en un hommage
qu'il fit au Dauphin le 19. de Novembre 1356.

VIII. *Degré.* GILLES *ou* GILLET DU PUY,
Chevalier.

Qualifié fils d'Alleman du Puy & habitant à Peyrins,
dans un hommage qu'il rendit au Dauphin Charles de
France le 25. d'Aoust 1349. Il en fit un autre comme j'ay
déja dit le 19. de Novembre 1356. Son testament est du
xj. de Mars 1390. Il y fait mention d'Aynarde des Rollans sa mere, d'Alix de Bellecombe sa femme, de Brunet *Belle-*
de Bellecombe son beaufrere, & de ses enfans que je *combe.*
nommeray à la suite. Aprés sa mort Alix sa veuve presta
hommage au Roy Dauphin le 4. de May 1397. pour elle
& pour Artaud du Puy son fils. Voicy les enfans qu'elle eut.

1. Gilles qui suit.

2. Artaud a fait branche sous le nom de Bellecombe,
comme je diray en son lieu.

3. Eynier.

4. François.

5. Guillaume.

6. Alleman.

7. Cecille.

GILLES DU PUY, *II. du Nom.*
IX. *Degré.* *Chevalier, Seigneur de Hauteville.*

Je le trouve present dans une transaction de l'année
1416. passée entre Louys de Poitiers Comte de Valentinois, & un autre Louys de Poitiers. Il testa le 13. de May
1420. & dit qu'il avoit eu deux femmes : la premiere

nommée Florence de Hauteville, & l'autre Beatrix de
Tolignan qui estoit encore vivante, & qu'il estoit habi-
tant de Peyrins. Florimond de Hautevelle estoit le pere de
Florence. J'ignore de quel lict il eut les enfans qui suivent.

2. Florimond.

2. Eynier a continué.

3. Disdier Prestre à Saint Bernard de Romans.

4. Claude.

5. Jean, Abbé de Saint Eusebe au Diocese d'Apt de
l'Ordre de Saint Benoit, Prevost de Carpentras pour le
Pape, & Tresorier de l'Eglise Romaine l'an 1431.

6. Antoine.

7. Aymar Chevalier de l'Ordre de Saint Jean de
Hyerusalem.

8. Guionet.

9. Beatrix.

10. Caterine mariée à Noble Antoine de Montbrun
du mandement de Val.

11. Marguerite.

12. Eleonor.

EYNIER DU PUY, *Seigneur de la
Roche & de Hauteville.*

X. Degré.

L'onziéme de Fevrier 1446. celuy-cy presta hommage
dans la ville de Romans au Dauphin Loüys entre les
mains de son Chancelier. Il est qualifié dans l'acte Seigneur de la Roche prés de Hautichamp dans le Valentinois. Ce Prince estoit alors en Dauphiné où il se faisoit
reconnoistre pour Souverain contre les Ordres & les in-
tentions du Roy Charles VII. son pere. J'ay veu le Regi-
stre dans lequel sont escrits tous les hommages qu'il se fit
rendre. Il est ainsi intitulé. *Cy s'ensuivent les hommages faits
à Monsieur le Chancelier pour & au nom de nostre tres Redouté
Seigneur Monseigneur le Dauphin de Viennois des personnes cy-
aprés*

aprés nommées, & commandé à Maiſtre Jean Portier Secretaire
dudit Sieur en faire Lettres neceſſaires. Le 25. de Fevrier
1466. le même Eynier du Puy fit un autre hommage au
Roy Dauphin. Il eſt compris parmy les Nobles du Mandement de Peyrins en une reviſion de feux de l'année
1474. Caterine de Bellecombe fût ſa femme. Elle eſtoit *Belle-*
fille d'Aynard II. du nom, Seigneur du Touvet, de Saint *combe.*
Marcel & de Montolieu. Son pere luy conſtitua 1200.
florins, ainſi que le raporte Guy Pape en ſes Deciſions
art. 96. Il en eut.

1. Jacques mentionné au degré ſuivant.
2. François qui ſe ſurnomma de Bellecombe
3. Aymé.

JACQUES DU PUY, *Seigneur*
XI. Degré. *de la Roche.*

Eynier ſon pere luy fit une donnation le 28 de Janvier
1475. Il contracta mariage le 4. de Fevrier 1476. avec
Françoiſe Aſtraud fille de N. Aſtraud Aſtraud Seigneur *Aſtraud.*
de Marſane. Dans le contract Jaques Du Puy y eſt qualifié Noble & puiſſant Eſcuyer, & fils de Noble & puiſſant
homme Eynier Du Puy Seigneur de la Roche, & de Caterine de Bellecombe. Il épouſa en deuxiémes nopces Jeanne
de Veſc fille de Talabard de Veſc Seigneur d'Eſpeluche *Veſc,*
Gouverneur de la Ville d'Ambrun & de Caterine de Sa- *Sale-*
lemand. Il fait mention de cette ſeconde femme dans *mand.*
ſon teſtament du 19. de Juillet 1505. où il dit qu'il veut
eſtre enterré dans l'Egliſe de Saint Pierre de Chabrillan,
& dans la Chapelle où eſtoit enſevelie Caterine de Bellecombe ſa mere. Il avoit quitté Peyrins & demeuroit à
Chabrillan. Il eut pour enfans du ſecond lit; ainſi que
pluſieurs actes me l'ont apris.

1. Jean Seigneur de Hauteville qui faiſoit ſon ſejour
à Creſt. Il preſta hommage au Roy Dauphin le 10. de Sep-

D

Manton- tembre 1541. Peronne de Mantonne fut ſa femme, & il
ne. n'en eut pas des enfans.

  2. Jaques Religieux de l'Ordre de Saint François.

  3. Honorat a continué.

  4. Guillaume conſeigneur de la Roche ſur Grane fit
hommage au Roy Dauphin le 14. de Septembre 1541.

  5. Charles.

  6. Anne.

  7. Caterine alliée par mariage à N. Claude de Mar-
Marſane. ſane.

  8. Claudine.

Galbert.   9. Madelaine eut pour mary Jean Galbert Seigneur
des Fonds le 29 d'Octobre 1523.

HONORAT DU PUY Seigneur
XII. Degré   de Rochefort & de la Roche.

Clave-   Se maria le 13 d'Aouſt 1522. avec Peronete de Clave-
ſon. ſon fille de Loüis de Claveſon Seigneur de Claveſon, &
Mont- de Meraude de Montchenu, & teſta le 13 d'Octobre 1558.
chenu. La qualité de Haut & Puiſſant Seigneur luy eſt donnée.
Sa femme le ſurveſcut, & preſta hommage au ROY Dauphin pour elle & pour François ſon fils le 29. de Mars
1585. Voicy leurs enfans.

  1. Pierre.

  2. François aura ſon chapitre.

Iouven   3. Claude prit pour femme Guigonne de Jouven fille
Iouven de N. Antoine de Iouven & de Marguerite Iouven.

  4. Anne.

FRANCOIS DU PUY Seigneur
XIII.   de Rochefort.

A eſté un excellent homme de guerre, & il s'eſt ſigna-

lé pendant les guerres de la Religion fous divers employs.
Il epoufa Ieanne Peliffier fille de N. Iaques Peliffier Sei- *Peliffier.*
gneur de Saint Ferreol & de Rocheblave, & de Françoife
de Gandelin par contract de mariage du 19 de Iuin 1571.
Il tefta le 26 d'Avril 1616. & laiffa pour enfans.   *Gande-*
                                                       lin.

   1. Iaques qui fuit.

   2. François a fait branche.

   3. Françoife mariée à N. Hector de Forets de Mira- *Forets*
bel Seigneur de Blacons.

IAQUES DU PUY II. *du Nom, Seigneur*
XIV. *Degré*   *de la Roche & du Mas.*

Son alliance à efté avec Marthe de Sibeut fille de N.
Hercules de Sibeut Seigneur de Saint Ferreol Gouverneur pour le Roy de la Ville de Romans , & de Sufanne *Sibeut.*
de Giraud par contract de mariage du 9 de Septembre
1618. il a laiffé.   *Giraud*

   1. Alexandre.

   2. François aura fon chapitre.

   3. Jean.

   4. Antoine.

   5. Marie.

FRANCOIS DU PUY II. *du Nom,*
XV. *Degré*   *Seigneur du Mas & de la Roche.*

A contracté mariage le 15 de Janvier 1659. avec Antoinete de Laftic fille de N. Jean de Laftic & de Loüife
Coulet.   *Laftic.*
                                       Coulet.

DU PUY ROCHEFORT
DEVXIEME BRANCHE.

FRANCOIS DU PUY II. *du Nom*
Seigneur de Rochefort

XIV.

suffise.

Caterine de Suffise de la Croix a esté sa femme, comme
il le dit dans son testament du 30. de Juillet 1630. Elle
estoit fille de Noble Joachim de Suffise, & de Marie de
Raymon. Il en a eu.

Ray-
mont.

1. François.
2. Laurent.
3. Ioachim.
4. Iean-François.
5. Ieanne.

DU PUY BELLECOMBE
TROISIEME BRANCHE.

ARTAUD DU PUY, *dit de*
Bellecombe.

IX.

Fils de Gillet du Puy premier du nom, & d'Alix de Bellecombe, fut heritier de sa mere, & obligé de porter le nom
de Bellecombe, parce que Aynard de Bellecombe frere de
sa mere par son testament du 19 de Iuin 1382. en faisant
heritiere sa sœur l'en avoit chargé. Cette Alix presta
hommage pour son fils le 4. de May 1397. des biens qui
avoient esté à Aynard son frere. Artaud en fit un au Dauphin le 6. de Iuillet 1417. dans la Ville de Grenoble
pour des biens qu'il avoit à la Buissiere qui estoient de
l'heritage de son oncle; il est nommé dans l'acte Artaud de

Bellecombe, autrement du Puy. Le méme furnom luy eft
donné dans une tranfaction faite le 16. de Iuillet 1419.
entre Loüis de Poitiers Seigneur de Saint Vallier & Henry de Saffenage Gouverneur de Dauphiné , & le Confeil
Delphinal au nom du Dauphin touchant les Comtés du
Valentinois & du Diois, aprés la mort d'un autre Loüis de
Poitiers qui en avoit efté Comte, où il fe trouve parmy les
témoins. Il avoit époufé l'an 1393. Aynardede Murinais *Muri-*
nais
fille de Falcon, Seigneur de Murinais. Elle le furvefcut,
& tefta le 3. de Fevrier 1435. dans le Château de Murinais. Voicy les enfans quelle nomme.

1. François qui a continué.
2. Falcon par qui je commenceray la branche de Murinais.
3. Antoine.
4. Marguerite époufe de N. Pierre de la Balme. *laBalme*

FRANCOIS DU PUY *de Bellecombe*
X. Degré, *de Murinais , Seigneur de Murinais &*
de Montalieu.

Fut heritier de Hermes Seigneur de Murinais, qui tefta
le 17. de Iuin 1429. Et chargea celuy-cy & fa pofterité
de prendre le furnom de Murinais. L'onziéme de Fevrier
1446. François prefta homage au Dauphin Loüis pour
la terre de Murinais, pour des biens à Moras, & pour la
maifon forte de Montalieu au Mandement de la Buiffiere.
Il en fit un autre l'onziéme du méme mois l'année fuivan-
te 1447. Il eut pour fils.

GILET DU PUY *de Bellecombe-de*
XI. Degré, *Murinais Seigneur de Murinais*

Ainfi nommé dans un hommage qu'il rendit au Roy
Dauphin le 10 d'Octobre 1463. en la perfonne d'Aymon

Alleman Seigneur de Champs, Lieutenant au Gouvernement de Dauphiné. Il eut pour enfans.

1. Gabriel dont je parleray.

2. Aymar Chevalier de l'Ordre de Saint Iean de
Hyerusalem grand Prieur de Saint Giles.

Robe. 　 3. Antoinete épouse de N. Aymeu Robe Seigneur de
Miribel.

XII. *Degré.* 　 GABRIEL DU PUY *de Bellecombe-
de Murinais, Seigneur de Murinais,
Gouverneur du Mont Saint Michel
en Normandie.*

Presta hommage au Roy Dauphin le 6. d'Avril 1501.
pour sa terre de Murinais. Ce fut un homme d'excellent
merite & de grand cœur; il en donna des marques singu-
lieres en plusieurs occasions sous les Regnes de Loüis XII.
& François I. Il fut avec le premier au voyage de Naples,
& combattit sous l'autre dans la journée de Marignan l'an
1515. Il fit son testament l'an 1524. par lequel il fait heritier le Grand Prieur de Saint Giles son frere, & après
luy Iean Robe Seigneur de Miribel son neveu: Il n'eut
pas des enfans quoy qu'il eut esté marié avec Caterine de
Virieu. Virieu fille de Sibeut de Virieu Seigneur de Faverges &
Beau- d'Antoinete de Beauvoir.
voir.

DU PUY MURINAIS
QVATRIEME BRANCHE.

Avant que d'écrire les degrés de cette Branche, & venir à ceux qui l'ont composée, je reprendray la Branche
de du Puy Montbrun, & à la suite je parleray de celle de
Murinais. Je suis obligé d'en user ainsi, parce que celle-cy
quitta le surnom de du Puy pour prendre celuy de Muri-

nais quelle à encore aujourd'huy, & méme elle changea les emaux des Armoiries.

DU PUY MONTBRVN
CINQUIEME BRANCHE.

VI. *Degré*

BASTET DU PUY, *Chevalier Seigneur de Montbrun, de Ferraſſieres de Rhelane, de Vergaux, de Château Raybaud, de Bruis & de Solignac.*

Second fils d'Alleman du Puy 3e du nom, & de Beatrix Artaud. J'ay déja dit en parlant de Hugues ſon frere qu'ils acquirent la moitié des terres de Montbrun, de Ferraſſie-res, de Châteauraybaud, de Vergaux & de Solignac, & que par ce moyen ces terres entrerent dans la famille, qui n'en avoit precedemment qu'une partie. Baſtet fut heri-tier de ce frere, & en cette qualité il preſta hommage au Dauphin Humbert pour la terre de Rhelane au Dioceſe de Gap le 5. de Novembre 1340. & le 8. de Novembre 1349. où il eſt qualifié Chevalier. Le lendemain il fut fait Bail-lif des Baronnies de Meüillon & de Montauban par le méme Prince; les Lettres ſont dans la Chambre des Comp-tes de Dauphiné où je les ay veües. Il y eut une grande querelle entre Odobert Seigneur de Châteauneuf & Ay-nard de la Tour Seigneur de Vinay qui les obligea ſouvent d'en venir aux mains, leurs amis ſe joignirent à eux pour les ſecourir; mais voyant que leurs démelés en alloit pro-duire de plus grands, ils les obligerent de faire une tréve & de donner leurs intereſts au Dauphin. Ce qu'ils firent par un acte du 16. de Iuin 350. & afin qu'ils ne puſſent reſiſter aux volontés de ce Prince châcun donna de ſa part des fidejuſſeurs de l'obſervation du traité que le Dauphin leur feroit faire. Le Seigneur de Vinay donna Aymar Seigneur de Rossillon, Guillaume Seigneur de Tournon, Disdier Seigneur de Sassenage, BASTET DU PUY Seigneur de Rhelane, Artaud Seigneur de Beausemblant, & quelques autres. Bastet fit son testament à Sault le 31. de Iuillet 1361. Il en nomme l'Evéque de Gap Executeur, & prie Fouquet d'Agout Seigneur de Sault d'avoir le soin d'Alleman du Puy l'un de ses enfans qu'il aimoit singulierement. Fouquet receut agreablement cette priere, & méme donna sa fille en mariage à ce fils recommandé, comme je diray à la suite. Bastet parle dans son testament

Montauban.

de Marguerite de Montauban sa femme de laquelle il eut.

1. Guillaume qui fera la matiere du degré suivant.

Rosans.

2. Hugues ou Hugonet épousa Arnaude de Rosans fille de Jordan de Rosans, & niece d'une autre Arnaude de Rosans dont j'ay fait mention au V. degré de la premire branche. Il en eut Perceval du Puy à qui Arnaude sa tante donna ce qu'elle avoit sur les Châteaux de Rosans & de Montmaurin par acte du 6. de Novembre 1340. Le méme Hugues eut encore Beatrix du Puy mariée à N. Dra-

Moroce.

ginet de Moroce Seigneur de Montonay, elle herita de son frere,& fut Dame de Bruis comme il se tire d'un hommage que fit son mary au Dauphin le 22. d'Aoust 1362.

Agout. Desbaux.

3. Alleman Seigneur de Rhelane eut pour femme Gilete d'Agout fille de Fouquet d'Agout Seigneur de Sault & d'Alisete Desbaux,il en eut un fils nommé Bastet qui rendit hommage au Dauphin pour son pere le 20 de Novembre 1413.

4. Beatrix fut une fille de grand merite & d'une excelente vertu, elle ne se voulut point marier , & s'occupa toute sa vie à faire des reparations & à elever des monumens eternels à sa memoire. Elle fit construire le Pont, la grande Eglise & le chemin de Pontias à Nions.

Ademar

5. Mabille épousa Hugues Ademar Seigneur de la
Chaud

Chaup & de Monteil Baron de la Garde, par contract de mariage du 26 d'Octobre 1349.

6. Briande eut pour mary N. Jacques de Villemur. *Ville-*
En ce temps cy vivoit un Cardinal nōmé Girard du Puy, *mur.*
qui de Moine de Cluny, & d'Abbé de Saint Martin au
Diocese de Tours fut elevé à cette supreme dignité. Il
mourut l'an 1389. On sçait avec certitude qu'il estoit
François, mais on ignore positivement le lieu de son ori-
gine ; cependant il portoit les armes de la maison de du
Puy en Dauphiné.

GUILLAUME DU PUY, *Seigneur*
VII. Degré *de Montbrun, de Ferrassieres & de*
Rhelanette.

Fut l'un de ceux qui sortirent de Dauphiné pour aller
combatre contre les Anglois, & qui se signalerent en
Guienne contre le Comte d'Herby. Il estoit dans Berge-
rac lors que l'Anglois le prit, & fut plus heureux que Henry Machy Seigneur de Montagnieu, Aymar de Rossillon Seigneur d'Anjou, Guichard & Humbert Alleman freres qui
y furent tués l'an 1344. La méme année les ennemis pri-
rent encore Souberoche, le Comte de Valentinois qui y
commandoit y fut fait prisonnier, & avec luy Guillaume
du Puy qui fut obligé de payer douze cent florins de rançon. Il servit encores quelques années, & commenda
plusieurs fois des brigades, enfin fatigué de la guerre il se
retira en Dauphiné, & presta hommage au Dauphin de
sa terre de Montbrun le 25 de May 1362. Sa femme fut
Polie de Montlor fille de Guy de Montlor II. du nom Ba- *Montlor*
ron de Montlor & de Josserande Achier. Il en eut. *Achier.*

1. Bastet, dit le Vieux.
2. Fouquet suivra.
3. Bastet, dit le Jeune.

E

4. **Alleman** Camerier du Monastere de *Saint André* prés d'Avignon, & Prieur de Montbron.

5. **Pierre-Girard** Prevost de l'Eglise de Marseille l'an 1380. Messieurs de *Sainte Marthe* en leur Gallia Christiana le nomment Dauphinois.

Un Pierre-Girard du Puy que Ciaconius & Frison dans l'Histoire qu'ils ont faite des Cardinaux disent avoir esté de Dauphiné pourroit bien estre le même. Ciaconius parlant de luy & de Girard du Puy dont j'ay fait mention au precedent degré rapporte que *insignia illorum Cardinalium exprimuntur per leonem.* Ce sont les armes de cette famille. Frison dit que Pierre Girard *fuit lodovensis præsul* 1380. *patria Delphinatus & creatus per Ioannem* 23. *anno* 1410. *Cardinalis Episcopus tusculanus.* Il mourut à Avignon l'an. 1425 Ferdinand aux Additions à l'ouvrage de Ciaconius ajoûte, *Petrus de Pedio quem Delphinatum faciunt fuit creatus Cardinalis à Clemente septimo anno* 1390. Ils ne conviennent pas du temps auquel ce Pierre-Girard fut crée, mais ils disent tous qu'il estoit Dauphinois, & comme il n'y a pas d'autre famille de du Puy en cette province que celle dont j'écris la genealogie, apparemment qu'il en estoit.

VIII. Degré   **FOUQUET DU PVY,** *Seigneur de Montbran de Ferrassieres, de Verganx & de Rhelianete.*

Celuy-cy & Bastet son frere reconnurent en faveur du Roy Dauphin la Seigneurie de Montbrun par acte du 17 de Mars 1406. Fouquet la reconnut seul au Dauphin Charles le 21. de Juin 1417. dans la Ville de Grenoble entre les mains de Henry de *Sassenage* Gouverneur de Dauphiné, & de Jean Girard. Il mourut à la bataille de Verneüil. Son alliance ne m'est pas connuë. Il eut pour enfans.

1. **Jean** qui suit.

2 Aymar Chevalier de l'Ordre de Saint Jean de Hyerusalem, Commandeur de Saint Paul auprés de Romans dont il fit hommage au Dauphin Loüis l'an 1442. Ce fut l'un de ceux qui parurent à Rome pour l'Ordre l'an 1446 dans une assemblée qui fut convoquée par le Pape Eugene IV. des Chevaliers de Saint Jean ; & il fut deputé de la Langue d'Auvergne, de laquelle il fut en suite grand Prieur l'an 1450.& enfin Baillif de Lango. Lors de la mort du Grand Maistre Jacques de milly, il fut eleu General du Magistere.

3. Jeanne Religieuse à Sainte Claire de Cisteron.

4. Charlote Religieuse au méme endroit.

JEAN DV PVY *Seigneur de Montbrun, de Ferrassieres & de Chasteauraybaud.*

IX Degré

Les Habitans de la terre de Montbrun le reconurent pour leur Seigneur par acte du 27 de May 1420.& il presta hommage au Dauphin Loüis le 18 de Fevrier 1446. dans la Ville de Valence. Il eut le bon-heur de plaire à ce Prince pendant son sejour en cette Province, & il ne luy fut pas inutile, puis qu'il luy presta quelque argent dont il ne fut jamais rembourcé. Il ne fut pas le seul genereux envers le Dauphin, & il n'a pas aussi esté le seul mal recompensé. Ie me trouveray souvent obligé de le faire voir en d'autres Genealogies. Comme Iean du Puy fut laissé fort jeune par son pere sous la tutelle d'Alleman du Puy son oncle, qui estoit peu experimenté aux affaires, il trouva les siennes embarrassées quand il se vit en estat de les menager. La terre de Rhelanete estoit engagée au Baron de Sault avec lequel il transigea le 12.de Fevrier 1496. & la luy ceda. Il testa le 20 de Juillet 1490. où il dit que Noble Guigues d'Eymeras estoit son frere uterin. Sa femme m'est inconnuë. Voicy ses enfans.

E ij

1. Fouquet qui fera la matiere du dixiéme degré.

2. Antoine Ecclefiaftique.

3. Marquet Prieur de Saint Pierre de Simiane en Provence l'an 1466.

du Bot. 4. Bonne mariée à N. Guinot du Bot fieur de Sanchon.

FOUQUET DU PUY II. *du Nom*,

X Degré. *Seigneur de Montbrun, de Ferraſſieres & de Châteauraybaud.*

Vrre. Par fon teftament du 21 d'Aouft 1525. j'aprens qu'il a eu pour femme Loüife d'Urre, & pour enfans ceux que je nommeray à la fuite. Loüife eftoit fille de Guillaume *Alauſon* d'Urre Seigneur de Molans & de Jeanne d'Alaufon.

1. Aymar aura fon chapitre.

2. Jacques Protonotaire Apoftolique l'an 1519 Prieur de S. Pierre de Simiane.

3. Jean Lieutenant pour le Roy au Gouvernement d'Auxonne l'an 1545. Il mourut les armes à la main pour le fervice du Roy en la journée de Renty l'an 1554.

Cleu. 4. Nicole mariée à N. Aymar de Cleu du lieu de Châteauneuf de Mazant.

Faure. 5. Caterine eut pour époux N. Antoine Faure de Vercors.

Blain. 6. Blanche femme de N. Gabriel Blain Seigneur du Poet Celar ; elle en eut une fille nommée Marguerite qui *Marcel.* époufa N. Pierre de Marcel.

7. Jeanne contracta mariage avec N. Antoine de *Riviere.* Riviere Seigneur de Sainte Marie.

AYMAR DU PUY *Chevalier, Seigneur de Montbrun & de Ferraſſieres, Commiſſaire ordinaire du Roy en ſon eſtat de l'artillerie, Lieutenant du Fort Saint Michel en Normandie, Gouverneur de Marſeille & d'Amboiſe, & enfin Lieutenant de Roy au Gouvernement de Provence.*

XI Degré

Fut premierement Page du Duc de Savoye, de la il paſſa à Naples où il ſe ſignala ſous le Regne de Loüis XII. enſuite il fut en Barbarie, & entra le premier dans la ville de Tripoly lors qu'elle fut priſe par l'Empereur Charles Quint, aprés cela il revint en France, & Honnoré de Savoye Comte de Tende & de Sommerive Marquis de Villars eſtant fort jeune fut mis ſous ſa conduite. Ce Marquis ayant eſté fait Gouverneur de Provence l'appella auprés de luy, & le fit venir de Normandie où il eſtoit Gouverneur du Fort Saint Michel, aprés il luy fit avoir la charge de Commiſſaire en l'artillerie de Provence & de Languedoc, luy procura le Gouvernement de Marſeille, & enfin la Lieutenance de celuy de Provence. Il ſe fioit extrémement en ſa conduite, & luy laiſſoit ſouvent le ſeul commandement de cette Province par ſes éloignements. Il mourut comblé d'honneur & de gloire aprés avoir teſté le 14 d'Aouſt 1551. Caterine Valette de Pariſot ſa femme Valette eſtoit decedée avant luy, & avoit fait un teſtament le 1. de Novembre 1548. Il fit pluſieurs reparations dans les Egliſes de Provence, & particulierement en celle de Saint Pierre de Simiane dont l'un de ſes freres eſtoit Prieur, car il en fit relever la Chapelle de Sainte victoire, luy donna un buſt d'argent de cette même Sainte, ſur lequel on voit les armes de ſa maiſon. Il commanda une compagnie de

E iiſ

cent hommes d'armes lors de la bataille de Cerifoles. *Ses
enfans furent,*

1. Aymar qui eut un fils nommé Pompée qui commanda quelques galeres, & fut affaffiné fur le port de Marseille.

2. Difdier Chevalier de l'Ordre de Saint Jean de Hyerufalem tué en 1557, lors de l'entreprife de Zoare. L'Hiftoire de cét Ordre dit qu'avec luy moururent Saint Marcel d'Avanfon, Briançon, la Rochette, la Roche-Montmor, & la Motte Chevaliers Dauphinois.

3. Charles dont je feray l'Eloge.

4. Jaques Protonotaire Apoftolique,

Barjaít.		5. Renée femme de Bartelemy de Barjact Seigneur de Rochegude.

Flotte.		6. Ifabeau mariée à Jean Flotte Seigneur de Jarjayes.

Theys.		7. Jeanne femme de Gafpard de Theys, Seigneur de Clelles.

Alleman.
Baronat
S. André.		8. Blanche eut trois maris; le premier fut Laurent Alleman Seigneur d'Allieres, le fecond Jacques de Baronat, & le troifiéme eut nom Philippes-philibert de Saint André Seigneur de Cervieres.

XII. *Degré*		**CHALES DU PUY**, *Chevalier Seigneur de Montbrun, de Ferrafieres, de Villefranche de Saint André, &c.*

Comme j'ay écrit l'Hiftoire de fa vie, & que je l'ay fait imprimer, je n'ay rien à dire icy, finon qu'ayant changé de Religion, & s'eftat fait chef des proteftants en Dauphiné après le Baron des Adrets, il fit contre les Catholiques des actions fi memorables qu'elles ont merité que j'en aye fait mention dans un ouvrage particulier.

Allemã.		Juftine Alleman fut fon époufe. Elle eftoit fille de François Alleman Seigneur de Champs, & de Juftine de Tournon & niece de François Cardinal de Tournon. Il testa le 5 *Tournon* de Septembre 1568. & eut pour enfans.

1. Jean qui suit.
2. Justine mariée à N. François des Massues, dit d'Ur- *des Mas-* re, Seigneur de Vercoiran & de Sainte Euphemie, & Con- *sues.* seigneur de Châteaudouble.
3. Loüise.
4. Madelaine.

JEAN ALLEMAN DU PUY II.

XIII. Degré.   *du nom, Marquis de Montbrun Seigneur de Ferrassieres, de Villefranche & de Saint André, Conseiller du Roy en ses Conseils, Capitaine de cinquante hommes d'armes de ses Ordonnances.*

Fut elevé enfant d'honneur de Henry Roy de Navarre. Toutes les negotiations les plus importantes que Lesdiguieres faisoit faire estoient confiées à sa prudence. Il fut à la guerre en Piemont en qualité de premier Maréchal de camp sous le Duc de Savoye, Charles *Emanuel* General, & Lesdiguieres Lieutenant General. Il faisoit la fonction de Lieutenant General lors que celuy-cy n'y estoit pas, commandoit aux autres Marechaux de camp, & entroit seul au conseil avec le Duc de Savoye, Lesdiguieres & le Comte Guy de Saint George Mestre de camp, General des Troupes du Duc. Ce fut luy qui alla à la Cour de la part de Lesdiguieres pour rendre compte au Roy du secours qu'il avoit donné au Savoisien, & pour avoir permission de le continuer. Il fut consideré & estimé parmy ceux de sa Religion, & se vit souvent à leur teste quand la ligue les obligea de se deffendre. Loüis Videl qui a écrit l'Histoire du Connestable de Lesdiguieres en fait une honorable mention. Ce fut luy qui defit Paulte

chef des Catholiques du Comtat Veneissin. Ce fut luy
qui s'employa utilement pour la Noblesse de cette Province aux Etats Generaux qui se tinrent à Paris, enfin il agit
avec tant de prudence & de valeur dans les affaires de la
Politique & de la guerre que tous les Historiens qui ont
parlé de luy le nômét digne fils de celuy qui paroit si bien
dans l'Histoire. Le sieur de Comiers Prevost de l'Eglise de
Ternant en Nivernois m'a remis quelques actes, & entre
autres des lettres patentes de Henry Roy de Navarre du
4. de Ianvier 1588. par lesquelles il conste que Montbrun
avoit levé pour les protestants en cette Province des
Troupes pour leur seureté, & qu'il les avoit soldoyées &
cômandées, & avec elles fait & executé plusieurs exploits
de guerre, & afin qu'à l'avenir il n'en fut pas recherché ce
Prince aprouve tout ce qu'il avoit fait depuis le mois de
Iuillet 1585. jusques au jour des lettres, disant que c'estoit
pour un party qu'il consideroit & deffendoit, que le tout
avoit esté fait & executé selon ses declarations & ses Re-
glements militaires. En quoy l'on voit que pendant trois
années Montbrun avoit commendé parmy les gens de
guerre en cette Province, & avoit executé à leur teste plusieurs entreprises dont le detail ne m'est pas connu : il est
pourtant certain que le Roy de Navarre estant monté sur
le Trone François, & tout estant pacifié en cette Province,
le Colonel d'Ornano qui en estoit Lieutenant General pour
le Gouvernement, ayant eu ordre de lever des Troupes
pour d'autres desseins donna une compagnie de chevaux
legers à Montbrun le 1. d'Aoust 1592. En 1593. le même
Montbrun ayant esté commandé d'aller au Comtat pour y
pacifier quelques desordres, il fit un traité autant judicieux
que necessaire, comme le dit le Duc de Montmorency qui
l'aprouva par des lettres du 4. d'Octobre de la même année. Aprés la mort du Roy Henry 4. qui fut tres funeste à
Montbrun, car il alloit estre Colonel des Suisses, Loüis
XIII. son successeur luy donna la somme de vint mille livres
ard.

par un Brevet du 6. d'Aouſt 1612. Il eſt dit que *c'eſtoit pour*
reconnoiſtre les recommandables ſervices qu'il avoit rendus au Roy
ſon predeceſſeur, & pour le degrever de la perte qu'il avoit faite
des aſſignations qu'il avoit pendant les guerres ſur les Communau-
tez de Dauphiné. Par un autre Brevet du 10 de Iuin de la
méme année il fut fait Conſeiller d'Etat *à cauſe qu'il s'eſtoit*
rendu recommandable par les ſervices qu'il avoit faits durant les
derniers troubles & dépuis , qu'il s'eſtoit acquis des grandes con-
noiſſances des affaires de cét eſtat , Sa Majeſté voulant à cette
occaſion s'en ſervir & l'honorer de qualité condigne à ſon merite.
Elle a , &c. Ce ſont les termes du Brevet qui ſont encore
dans un autre Brevet pour la méme charge du 30 de Iuillet 1614. Le Duc de Rohan le fit General de la Cavalerie
de Languedoc le 16. de Septembre 1622. ce fut celuy-cy
qui fit eriger Montbrun en Marquiſat par Lettres patentes du mois de Fevrier 1620. Il fit ſon teſtament le 18
d'Avril 1634. Lucreſſe de la Tour fut ſa femme. Elle eſtoit   la Tour
fille de René de la Tour Seigneur de Gouvernet & d'Iſa-   Montau-
beau de Montauban. Il en eut pour enfans.   ban.

  1. Charles-René qui ſera la matiere du Degré ſuivant.

  2. Iean Comte de Ferraſſieres a eſté l'un des plus ga-
lans hommes, & l'un des meilleurs gendarmes qui ait eſté
de ſon temps. Sa bonne mine, ſa taille avantageuſe, & ſes
inclinations y ont beaucoup contribué. Il a eſté Capitaine d'Infanterie puis de chevaux legers , & eſtant à la
teſte de ſa compagnie il ſuivit le Duc de Rohan en pluſieurs endroits, & ſe ſignala en diverſes rencontres particulierement dans le Languedoc, dans le Vivarais & dans
le Dauphiné; fut fait Lieutenant des gendarmes du Marquis de Thianges Lieutenant de Roy au Gouvernement
de Breſſe. En méme temps la France declara la guerre à
l'Eſpagne. Les ennemis firent un corps d'armée dans la
Franche Comté; Thianges malade ne peut luy eſtre oppo-
ſé. Ferraſſieres ſon Lieutenant fut commis pour cela. D'a-

bord il leur enleva deux compagnies de Cavalerie dans Chavanes composées de 130 Maistres dont il n'en echapa aucun, il fit une des attaques qui obligerent les ennemis de lever le siege de Cormeau. Il a servy en Italie, se trouva au combat de la Route ou de Quiers. Il estoit en grande estime auprés du Comte de Harcourt. Il fut au siege de Thurin où il donna des marques de son courage, de sa conduite & de son esprit dans un quatier qu'il commandoit. De là il passa en Catalogne sous le Marechal de la Mothe, & fut fait Marechal de camp, & commandant quelques troupes il les mena bien avant dans l'Arragon. Il se signala à la bataille de Lerida. Il fut fait Lieutenant General. Servit lors de la guerre de Paris: enfin estant dans sa maison il mourut subitement âgé de soixante dix ans. Il avoit épousé Antoinette de Poinsart fille de ...... de Poinsart Conseiller du Roy & Lieutenant General au Siege de Bresse, elle mourut âgée de 35. ans, n'ayant laissé qu'une fille nommée Esperance du Puy qui a esté mariée au Comte de Dona Gouverneur d'Orange de l'ancienne famille des Burggraves de Dona considerable en Allemage, & dans la grande Bretagne.

Poinsart

Dona.

3. Alexandre du Puy Chevalier, Marquis de Saint André & de la Nocles, Baron de Tenant, Taxilly, Iry Saint Seigno, Flecy, Lancy, Seigneur de Savigny, Poilfol, Champlevoix, Fours, Coudes, Thaz, Molain, Perigny, Chantery, Monts, la Tour-Bourbon-Lancy, Saint Maurice, Conseiller du Roy en ses Conseils, Capitaine General en ses armées, Gouverneur pour le Roy du Nivernois, Donziois, Saint Pierre le Moustiers, & anciens ressorts, & en dernier lieu General des armées de la Republique de Venise. Du vivant de son pere il commença de porter les armes & le suivit en plusieurs lieux où le service du Roy l'appelloit, il fut capitaine d'Infanterie & de Cavalerie, & se signala par tout. Il alla au Siege de Mantoüe où il mena un secours que les Venitiens y envoioient, & la

guerre eſtant finie en Italie il courut en Allemagne au ſer-
vice du Grand Guſtave Roy de Suede avec deux Regimens, l'un de Cavalerie & l'autre d'Infanterie, & y acquit
beaucoup de reputation, ſur tout à la bataille de Memin-
guen. Apres avoir defait deux Regimens de Cavalerie de
huit eſtendars le chacun, & un Regiment de Dragons, &
mis enſuite un troiſiéme des plus grands & plus forts Regimens de l'Empereur, voyant paſſer deux cents des ennemis qui ſauvoient quatre eſtendars, il pouſſa à eux, & bien
qu'il ne luy reſtaſt que dix-huit Cavaliers, neantmoins il les
chargea ſi bruſquement qu'ayant tué un Cornette il ſe ſai-
ſit de ſon drapeau. Il fit divers autres combats, en l'un
deſquels il fut fait priſonnier. Et comme il eſtoit eſtimé &
recommandable les ennemis ne voulurent ny l'echanger
ny le renvoyer par rançon: au contraire il luy offrirent de
plus grands avantages que ceux qu'il avoit parmy les Sue-
dois s'il vouloit changer de party, ce qu'il ne voulut ac-
cepter, & aprés la bataille de Norlinguen il fut echangé
pour un Colonel Eſpagnol, ancien Colonel des troupes de
l'Empereur qui avoit eſté fait priſonnier par ceux du Regiment de Saint André. Il revint en France où il eut une
compagnie franche de Cavalerie avec laquelle en 1636 il
fut en la Valteline, & gagna le premier drapeau qui ſe prit
ſur les ennemis. En 1639. il fut fait Meſtre de Camp d'un
Regiment de Cavalerie Françoiſe. En 1640 il ſe ſignala
devant Thurin où ſon cheval fut tué ; & il fut fait priſonnier. En 1642. il fut fait Marechal de Camp, quatre ans
apres Meſtre de Camp de la Cavalerie Legere, dix-huit
mois aprés Lieutenant General en un temps qu'il n'y en
avoit que ſix en France, c'eſtoit en 1648. La méme année il fut fait Gouverneur & Lieutenant General du Nivernois, Donziois, Ville & Baillage de Saint Pierre le Mou-
ſtiers & anciens reſſorts. En qualité de Lieutenant General il parut dans l'Armée de Piemont & la commanda en
Chef pendant une année. Il en fit de méme en Catalo-

gne. Quelque temps aprés que les cinq autres Lieutenants Generaux furent faits Marechaux deFrance, on
fit tant de Lieutenants Generaux, qu'il declara de ne pou-
voir plus fervir fi l'on ne faifoit aucune difference de luy
aux autres, c'eft pour quoy on luy donna un corps feparé
pour fervir dans les armées fans rouler comme les autres.
Ce qui donna beaucoup de jaloufie à ceux-cy, qui ne
vouloient jamais fuivre ce qu'il avoit bien commencé : ce
qui caufa beaucoup de bruit, & les autres Lieutenants Generaux pour eviter d'en venir à quelque conjoncture fa-
cheufe demanderent un ou deux Marechaux de France
pour les commander tous : ce qui leur fut accordé par
le Cardinal Mazarin qui en nomma deux; mais avant que
de les envoyer en Piemont où eftoit la difpute il en de-
manda avis aux Ducs de Savoye & de Modene qui repar-
tirent que fi l'on envoyoit à l'armée un Marechal de France que Saint André fe retireroit, ce qui obligea cette E-
minence de n'en envoïer point, & commanda aux Lieutenants Generaux de la part du Roy d'obeïr à celuy-cy ou
de quitter: les uns refterent & les autres fe retirerent. C'eft
là où a commencé la charge de Lieutenant General en
chef ou bien de Capitaine General. Aprés cela le Cardinal luy promit que le Roy le feroit Marechal de France à
la premiere occafion qui fe prefenteroit, ce que Saint André creut d'eftre arrivé lors de la prife de Valence en Italie
où il fit des actions qui feules pouvoient luy acquerir cette
dignité. On ne luy tint pas parole, c'eft ce qui l'obligea
de fe retirer un peu avant la paix generale. Si la guerre
eut continuée il y a apparence que le bafton de Marechal
de France auroit efté la recompenfe de tant de fervices
qu'il avoit rendus, & le Duc de Modene y alloit travailler
puiffamment, parce qu'il l'avoit en une finguliere eftime.
Il eftoit dans fa maifon de la Nocle en Bourgogne âgé de
foixante-huit ans, & là il prenoit quelque efpece de repos
aprés tant de fatigues, lors que la republique de Venife le

rechercha pour estre General des Troupes qu'elle avoit
en Candie. Quoy que son âge ne luy permit gueres de
faire un si long voyage, & de prendre un si penible em-
ploy, neantmoins il l'accepta avec bien de la joye, & il se
rendit à Paris le 12. de Janvier 1658. pour prendre con-
gé du Roy, & partit le 24 de Fevrier suivant, pour aller
commender les Troupes de cette Republique suivant le
traité qu'il en avoit fait le 12 du méme mois avec son Am-
bassadeur en France & Marc-Antoine Justiniani. Toutes
les parties du monde sçavent les grandes choses qu'il a faites pour soûtenir Candie contre les Ottomans, combien il
y a esté utile, soit pour les fortifications & les deffences de
la place, soit pour les sorties : enfin nonobstant plusieurs
blessures il demeura maistre d'une Ville ruinée, desolée &
presque abandonnée pendant plus d'un an. Il vouloit s'y
faire ensevelir, & la deffendre jusques à la derniere goute
de son sang, nonobstant qu'il vit sa perte asseurée, & qu'il
eut une femme & des enfans qui l'appelloient en France.
Je ne puis pas dans ce petit ouvrage parler de toutes les
belles actions qu'il a faites pendant qu'il a esté en Candie,
on ne les oubliera pas dans un Journal qui doit paroistre
bien tost de ce qui s'est passé pendant ce siege. La Republique donna des marques de sa reconnoissance au Marquis de Saint André par des lettres Patentes, où aprés l'a-
voir loüé avec de grands eloges elle le continua dans la
charge de General de son Infanterie pendant cinq ans, luy
promit une pension de dix mille ducats en temps de guerre & de service, & de trois mille en temps de paix. Il est
mort le plus ancien Lieutenant General de France.
Il avoit épousé à la Nocle en Bourgogne Madelaine Loüise
de la Fin de Salins. De ce mariage il a eu pour enfans *la Fin.*
Marguerite, Charlote & Gabrielle du Puy. Marguerite
fut mariée en 1664. à Corneille d'Aersen Chevalier Ho- *Aersen.*
landois Comte de Sommelsdickes, Baron de Spic, Seigneur
de la Plate & de Comel, Sire de Chapillar & de Ber-

du Puy. niens Charlote du Puy a épousé Jacques du Puy de Tournon Marquis de Montbrun son cousin germain, & Gabrielle est morte le 21. de Decembre 1672. âgée de 17. ans.

4. René du Puy autre fils de Jean du Puy estoit Seigneur de Villefranche & a fait branche.

5. François sieur de Thoirac est decedé en Hollande.

6. Cesar sieur de Rorgaud fut tué d'une mousquetade au Siege de Boleduc en Hollande.

Gerente. 7. Justine femme de Baltezard de Gerente Marquis de Sennas.

Tartulle 8. Antoinete mariée à Jean Raphaelis de-Tartulle, Seigneur de la Roque-Henry.

Vauserre 9. Marguerite a eu pour mary Cesar de Vauserre Baron des Adrets.

Philibert. 10. Lucresse a contracté mariage avec Noble François de Philibert Seigneur de Vanterol, de Piegu & de la Mote Saint Martin.

Bologne. 11. Isabeau mariée à N. Jean de Bologne Seigneur d'Alanson.

XIV. Degré.

CHARLES-RENE' DU PUY
de Tournon, Marquis de Montbrun, Baron de Meüillon, la Chaup, &c. Mestre de Camp dans les Armées du Roy.

Fut donné estant jeune au Roy Loüis XIII. pour estre du nombre de ses enfans d'honneur. Il commença de bonne heure de porter les armes, & le fameux Lesdiguieres ayant connu qu'il seroit digne de sa naissance, & veritable successeur de son pere & de son ayeul, en valeur & *Bonne* en merite, luy donna Françoise de Bonne sa fille en mariage quoy qu'elle n'eut que sept ans, & luy n'en ayant que

dix-fept. Ce mariage fe rompit quelques années après
par des confiderations qui furent rapportées au Pape qui
en permit la diffolution, & elle fut donnée en mariage à
Charles de Crequy fon beau-frere. Ce Marquis de Montbrun fe remaria avec Claudine Monier, & en troifiémes *Monier.*
nopces le 8. d'Avril 1632. avec Diane de Caumont, fille *Cau-*
de Henry de Caumont, Baron de Châtelerau, Boeffe, Ro- *mont.*
quefpine, Cugnac, &c. & de Marguerite d'Efcodars. Il *Efcodars*
commanda long-temps un Regiment d'Infanterie fous
Lefdiguieres, & fut General de la Cavalerie fous le Duc
de Rohan lors des guerres civiles, & enfin il eut une com-
miffion de lever un Regiment de Cavalerie le 30 de Septembre 1652. Il tefta le 8. de Novembre 1666. & laiffa
pour enfans.

Du fecond lict.

1 Juftine Mariée à Noble Laurent de Periffol, Seigneur *Periffol.*
d'Allieres & de Giere, Confeiller du Roy en fes Confeils,
& Prefident au Parlement de Grenoble. De ce mariage
font deux fils & deux filles, l'aifné des fils qui eft connu fous
le nom de Giere à du cœur, de l'efprit, & de l'erudition. Ie
dois ce témoignage à la verité & à l'amitié qu'il a pour
moy.

2. Lucreffe a époufé Noble Mary de Vefc, Sei- *Vefc.*
gneur de Comps.

Du troifiéme lict.

3. Jacques aura fon chapitre.

4 Ifabeau femme de N. Alexandre de Faret Marquis *Faret.*
de Saint Privas.

5. Alexandrine mariée à N. Pierre Martin Seigneur *Martin.*
de Champoleon.

6. Diane eft morte en 1673.

JACQUES DU PVY, *de Tour-*
non, Marquis de Montbrun, Ba-
ron de Méüillon, &c.

XV *Degré*

A commendé plusieurs armées, une compagnie de Cavalerie dans le Regiment du Marquis de Saint André son
oncle; il eut du Roy la survivance à la Lieutenance gene-
ralle du Gouvernement de la Province du Nivernois, Donziois, Ville & Bailliage de Saint-Pierre-le-Moustiers &
anciens ressorts, de laquelle il se demit en faveur de son
oncle qui en estoit Gouverneur afin de luy en faciliter la
vente qu'il en fit au Cardinal Mazarin. Pendant qu'il a
servy il a toûjours donné des marques de son courage, &
il a fait connoistre par plusieurs belles actions de quel sang
il est animé. Son mariage avec Charlote du Puy fille
d'Alexandre du Puy Marquis de Saint André son oncle
fut contracté le 22 d'Avril 1658. Elle a toutes les inclinations des femmes Fortes, & ignore toutes les foiblesses de
celles qui ne le sont pas. Sa vertu, son esprit & son merite sont moins l'ouvrage de sa naissance que de la beauté
de son naturel : Elle a perdu un pere dont la memoire sera immortelle, non seulement parce qu'il y a contribé par
ses belles actions, mais encore parce que cette illustre fille
travaille incessamment à luy dresser des monuments qui
ne mourront jamais. Il y a des enfans de ce mariage

du Puy.

DU PUY LA JONCHERES
SIXIEME BRANCHE.

VIX Degré

RENE' DU PUY, *seigneur de Villefranche & de la Joncheres Marechal de Camp aux Armées du Roy.*

Quatriéme fils de Jean Alleman du Puy II du nom, Seigneur de Montbrun & de Lucresse de la Tour, se fit connoistre avec beaucoup de reputation dans les Troupes du Grand Gustave Roy de Suede, lors de la guerre qu'il porta en Allemagne. Il receut un coup de Mousquet dans le corps au siege de Crussenac en presence de ce Prince. Il fut encore blessé au Siege de Thurin où il se trouva, & pendāt les derniers troubles de la France pour la Religion il donna le combat du Val en Provence n'ayant avec luy que le seul Regiment de cavalerie de Saint André son frere, contre une armée de six mille hommes sortie de la Ville d'Aix. Il fut alors blessé d'un coup de mousquet dans le corps, ce qui l'empécha de poursuivre une victoire qu'il avoit si bien ebauchée. d'Isabeau de Forets sa femme il a laissé plusieurs enfans qu'il nomme dans son testament du 23. de May 1659.

Forets.

1. Charles Seigneur de la Jonchere & de Villefranche, Colonel d'un Regiment de cavalerie pour le service des Venitiens, fut tué en Candie d'un coup de mousquet qui luy fracassa la jambe en une sortie que fit le Duc de la Feüillade.

2. Jean.

G

3. Hector a époufé..... de Calignon.
4. Ifabeau.
5. Lucreffe.
6. Uranie.
7. Juftine.
8. Renée.
9. Loüife.
10. Marguerite.
11 Olimpe époufe de.......   Seigneur de Blacons.
Darbon.   12. Madelaine mariée à N Charles Darbon Seigneur d'Efpenel.

DU PUY DE COVDRAY
SEPTIEME BRANCHE.

III. Degré   GUILLAUME DU PUY.

Fils puifné d'Alleman du Puy premier du nom, & de Veronique Ademar fut l'un de ceux qui fe trouverent prefents en une ligue que firent le Dauphin Guigues & Adelaïs Comteffe de Piemont le 3 d'Aouft 1210. rapportée par Duchefne en l'Hiftoire Genealogique des Dauphins de Viennois. Il eut pour fils.

GUILLAUME DU PUY II.
IV Degré.   *du Nom.*

L'an 1262. le Dauphin Comte de Graifivodan fit faire des Reconnoiffances en fa faveur par tous les Gentils-

hommes qui eſtoient ſes Feudataires. Voicy ceux de Peyrins enoncés dans l'acte qui eſt dans un desRigiſtres de la
Chambre des Comptes de Dauphiné, receu par Probus.
Dominus Guelifius de Chapaneuſſa homo ligius, Dominus Chaber-
tus de Claveſuti homo ligius, Nobilis Guillermus de Podio & fra-
ter ejus,homines Demini Comitis & Domini Francifci. Je n'ay
pas apris le nom du frere de ce Guillaume qui eut pour fils
un autre.

GUILLAUME DU PUY
V Degré. III *du Nom.*

A pres la mort de ſon pere arrivée l'an 1266. il ſe maria
dans le Berry, je n'ay pas ſceu avec qui; mais une année
apres, & le 23 d'Octobre il vendit à Alleman du Puy
deuxiéme du Nom ſon couſin tout ce qu'il avoit en Dauphiné.

Je n'iy pas jû recouvrer ſa deſcendance finie en
Jeanne du Puy Dame de Coudray, fille de Claude du
Puy Seigneur de Coudray & de Jeanne de Ligneris; mariée en premieres nopces à Loüis Seigneur de Saint Gelais, Chevalier des Ordres du Roy, Capitaine de 50 hommes d'Armes, Gouverneur du haut Poitou. Et en ſe-
condes nopces à Prejan de la Fin Vidame de Chartres
Chevalier des Ordres du Roy, Conſeiller en ſes Conſeils,
Capitaine de 50 hommes d'Armes, Marechal de Camp en
ſes Armées. Elle a eu du premier mary Henry-Loüis de
Saint Gelais decedé ſans enfans, Joſué de Saint Gelais
marié avec Anne Pouſſard, & Charlote de Saint Gelais
épouſe de Philipes-Guy de Salins ſieur de la Nocle en
Bourgogne. De ce Philipes-Guy de Salins, & de cette
Charlote de Saint Gelais eſt née Magdelaine de Salins
épouſe d'Alexadre du Puy, Marquis de Saint André; &
ainſi cette branche par ce mariage s'eſt reunie en quelque
maniere à ſon ancien tronc.

J'ajoûteray que par des Memoires qu'on m'a donnés de cette branche, j'ay apris, qu'elle estoit alliée aux familles d'Aigreville, Cigogneau, Passac, du Four, Pierre-Beuffieres, de la Guierche, de Charenton, de Laveres, de Montrognon, d'Autragnac, de Billy, de Cluys, de Braudan, de Prie, d'Amboise, de Thiar, d'Archiac, de Chastagner, de Vohec, d'Arbouville, de Bessay, de Lenoncourt, d'Acarie, de Sanglier, de Raffin, de Saint Quentin, de Gamaches, de Ligneris & de Saint Gelais.

MURINAIS.

de Gueules au Lyon d'Or.

ALLIANCES.

ALLEMAN.	HUCHET.
AUBERJON.	LATTIER.
BAILLY.	MAILLE'.
La BALME.	MARITAIN.
BARBE.	MARREL.
BARTOLY.	MONTAYNARD.
BEAVVOIR.	DU MOTET.
BOCSOZEL.	MURINAIS.
BONIFACE.	NOROLLES.
BOVIER.	ODENET.
BRESSIEU.	PALAGNIN.
CHAPONAY.	PELOUX.
CHASTE.	SAUVAT.
CLAVESON.	SERVIENT.
DAVITY.	SOFFREY.
GAUTERET.	DU VACHE.
GROLE'E.	YSERAN.
HARANC	

ARBRE GENEALOGIQUE.

PREMIERE BRANCHE.

QUI EST CELLE

DE MURINAIS.

Falcon 1435.
Alix de Chaftc.

Iean. 1458. Odebert.   Ieanne
          Chevalier de   Guigues.
          Saint Iean.   Boniface.

Antoine. 1485.   Iean.   Arraude.   Diane.
Marguerite de Beauvoir.   a fait branche   Religieufe.

Guigues. 1520. Gabriel.
Claudine de
Breffieu.

Aymar, 1529.   Gafpard 1536. Girard. Antoinette
Ennemonde Soffrey   Claudine   Iean de la
                         Yferan.   Balme.

Ifabeau. Ieanne. Diane. Anne. Claudine.
George Michel. Loüis Religieufe.
Bailly. Bovier. Odenet.

Laurent. 1589. Antoine Claudine. Ennemonde Loüife. Françoife. Ifabeau.
Marguerite   Ecclef. Aymar. Religieufe. Guill. Claude.
Alleman.   Auberjon.   Palagnin. du Vache.

DEUXIEME BRANCHE,
QUI EST CELLE
DE BOSANCIEU.

Iean 1467.
Beatrix de Montaynard.

Hugues 1526. Loüife de Chafte.	Imbert Chevalier de de S. Iean.	Artaude Relig.	Ieanne Relig.

Pierre 1544. Florie de Gauterer.	François. Françoife. du Motet.	Guillaume.	Duingarde.	Guilemette.

Françoife.
Iean-Loüis.
de Larrier.

Iean-Baltefard. 1574. Sibille Haranc. Françoife Auberjon.	Michel Ecclef.	Bonne Soffrey de Boefozel.

Loüife. Loüis de Norolles. Alphonfe	Sibille. Profper de Marrel. Bartoly.	Iean-Buffevans 1609. Eleonor de Servient	Iacques. Ecclef.	Octavian Melchiof. Chevalier de S. Iean.	Ifabeau. Claude. du Pelous. Pierre- Pompée de Grolée.

Antoine-François 1648. Anne Barbe d'Avrilly.	Anne Relig.	Dauphine Relig.	Marie. Claude Daviry.

Abel.	Pierre-François.	Marie. Henry de Maillé.	Eleonor Marie Huchet.	Anne & Iuftine Religieu- fes.

HISTOIRE
ET
PREUVES.

LEs Anciens Seigneurs de Murinais du Nom de Murinais ne sont plus il y a deux cent cinquante ans. Ils estoient d'une famille qui tenoit un rang honnorable & elevé en cette Province, & nous n'avons pas des nottices qui nous aprenent en quel temps & comment ils ont commencé. Nous trouvons que l'an 1050. vivoit Humbert Seigneur de Murinais. Une Transaction de l'an 1092. faite entre Guillen Seigneur de Murinais, & Pierre-Thomas son frere marque qu'ils estoient fils de Humbert. Depuis Guillen qui succeda à son pere Jusques à Hermes Seigneur de Murinais dernier de la race, qui finit l'an 1429 il y a eu onze generations. Je ne les articule pas icy parce qui ne s'agit pas de la Genealogie de la famille de l'ancien Murinais, mais de celle de Murinais qui est

H.

une branche de du Puy Montbrun, comme j'ay déja suffi-
semment prouvé.

 Il me reste à faire voir de quelle maniere cette Branche à changé son Nom : Et voicy comment. Falcon Seigneur de Murinais qui vivoit l'an 1349 comme il se justifie par un hommage qu'il rendit au Dauphin Charles de
France le 15. de May de la même année, & l'an 1363
comme il se tire d'un acte du 3 de May passé en ce temps
là, eut trois enfans; sçavoir Odobert, Alleman & Aynarde de Murinais. Celle-cy épousa Artaud du Puy comme
j'ay dit en la Genealogie de du Puy, & en eut plusieurs
enfans, entre autres François & Falcon dont elle fait mention dans son testament du 3. de Fevrier 1435. Odebert
son frere laissa Hermes son fils, & celuy-cy par son testament du 17. de Juin 1429. fit heritier François du Puy
son cousin fils d'Aynarde de Murinais sa tante, & le chargea de porter son nom. Ce fut par là que la terre passa
dans la maison de du Puy, & de là en celle de Robe, &
finalement en celle d'Auberjon où elle est encore. J'ay
descrit la posterité de François, il s'agit de celle de Falcon.

FALCON DU PUY DE MURINAIS.

X. Degré.

 Par une Transaction faite le 8. de Janvier 1433. entre N. Guigues Boniface mary de Jeanne de Murinais &
François du Puy dit de Bellecombe frere de cette Jeanne.
il est dit qu'ils estoient fils d'Artaud-Alleman du Puy dit de
Murinais & de Bellecombe, & que Falcon & Antoine du
Puy de Murinais aussi ses freres luy avoient constitué sa
dot. Par lequel acte il se justifie que Falcon estoit fils d'Alleman du Puy de Murinais. Il portoit le nom d'Artaud avec
celuy d'Alleman commun dans la famille de du Puy.
Suivant l'ordre de la Genealogie de du Puy que j'ay

interrompuë dans la quatriéme Branche, pour la repren-
dre icy, il se prouve qu'il fait le dixiéme Degré. Sa mere l'institua son heritier sous cette condition que luy &
sa posterité prendroient le surnom de Murinais. Ce testament fut du 3. de Fevrier 1435. comme j'ay dit precedemment. Aynarde de Murinais qui le fit survescut Hermes son neveu, & se retira dans le Chasteau de Murinais
avec ses deux fils, & ce fut là qu'elle testa. Elle acquit
quelques fonds dans la Parroisse de Murinais qui obligerent Falcon d'y finir ses jours n'ayant pas d'autre retraite.
Il contracta mariage avec Alix de Chaste fille de Siboud   *Chaste.*
de Chaste III du Nom Seigneur de Chaste & de Françoi-   *Bressieu.*
se de Bressieu. Il en eut.

   1. Jean qui suit.

   3. Odobert Chevalier de l'Ordre de Saint Jean de
Hyerusalem Commendeur de Saint George de
Lyon.

   4. Jeanne épouse de N. Guigues Boniface, Seigneur   *Beni-*
de la Forteresse l'an 1432. elle en eut Nobles Antoine &   *face.*
Falcon Boniface au nom desquels leur pere fit hommage au
Dauphin Loüis l'an 1452.

XII *Degré.*   JEAN DE MURINAIS

A esté le premier de cette Branche qui a quitté le surnom de du Puy. Il est nommé dans le testament d'Aynarde de Murinais son ayeule paternelle. Il avoit quelques
biens à Bressieu, car il est compris parmy les Nobles de ce
lieu là en une Revision de feux de l'année 1447. Et le 17.
de Fevrier 1455. il passa un Albergement de certains fonds
qu'il avoit au méme lieu. Il habitoit à Murinais comme il
se tire d'une autre Revision de feux de l'année 1458.
Dans l'Albergement il est nommé fils de Falcon. Il

eüe pour enfans d'une femme qui ne m'eſt pas connuë.

2. Antoine qui ſuit.
2. Jean a fait Branche.
3. Araude Religieuſe à Montfleury.
4. Diane ne fut point mariée.

XII. Degré.   ANTOINE DE MURINAIS.

Beau-
voir.

Quitta Murinais pour venir à Breſſieu, duquel lieu il eſt
dit habitant dans ſon contract de mariage du 4. de Juillet
1485. paſſé avec Marguerite de Beauvoir fille d'Amedée
de Beauvoir Seigneur de Veracieu. Il en eut.

1. Guigues qui ſuit.
2. Gabriel heritier de ſa mere, & en cette qualité il
paſſa une quitance à François de Beauvoir Seigneur de
Faverges le 15 d'Avril 1516.

XIII. Degré   GUIGUES DE MVRINAIS.

Breſſieu.
Clave-
ſon.

Retourna habiter à Murinais comme il eſt porté par le
contract de mariage de ſa fille, où il eſt dit habitant de
Murinais au Dioceſe de Vienne. Il eut pour femme Claudine de Breſſieu fille de François de Breſſieu Seigneur de
Beaucreſſant & d'Iſabelle de Claveſon, & pour enfans.

Soffrey.
Bailly.
Bovier.

1. Aymar Conſeiller au Parlement de Grenoble l'an
1529. qualifié frere de Gaſpard dans les Notes de Rabot
ſur la queſtion 184. de Guy Pape. Il fut marié avec Enne-
mande Soffrey, de laquelle il n'eut que des filles nommées,
Iſabeau femme de George Bailly Conſeiller au même Parlement, Jeanne femme de Noble Michel Bovier, Diane

femme de Loüis Odenet Conseiller au même Parlement, *Odenet.*
Anne Religieuse à Premol & Claudine.

2. Gaspard aura son chapitre.

3. Girard.

4. Antoinette épousa le 28. de Janvier 1520. Noble
Jean de la Balme Seigneur de Montchallin : dans le con- *la Balme.*
tract elle est qualifiée fille de Noble Guigues de Murinais
du Mandement de Murinais au Diocese de Vienne, &
sœur de Girard & de Gaspard de Murinais.

GASPARD DE MURINAIS
XIV. Dogre. Sieur de la Balme

Eut pour épouse Claudine Yseran fille de Claude Yse- *Yseran.*
ran Seigneur de la maison Forte de la Grange en Roya- *Alle-*
nois, & de Florie Alleman, c'est ce qui se tire du testament *man.*
de cet Yseran du 22 de Septembre 1536. Il fut pere
de.

1. Laurent qui sera mentionné cy-apres.

2. Antoine Religieux de l'Ordre de Saint Antoine
Commandeur de Grenoble.

3. Claudine Dame de la Balme, mariée à Aymar
Auberjon Seigneur de Buissonrond, fut heritiere de Lau- *Auber-*
rent son frere. *jon.*

4. Ennemonde Religieuse à Montfleury.

5. Loüise, femme de N. Guillaume de Palagnin. *Pala-gnin.*

6. Françoise Dame de Peyrins, mariée à N. Claude *du Va-*
du Vache. *che.*

7. Isabeau.

LAURENT DE MURINAIS
XV Degré Sieur de la Balme.

Marguerite Alleman fille d'Aymar Alleman Seigneur *Alle-*
Hiij *man.*

de Puvellin, & de Jeanne Auberjon fut fa femme , il n'en
n'eut point d'enfans, & eftant reftée veufve elle fe rema-

ria le 20 d'Octobre 1588. à N. Guy-Antoine de Roftaing
du lieu de Chevrieres.

MURINIAS BOSANCIEU
DEUXIEME BRANCHE.

XII Degré.

JEAN DU PVY DE MURINAIS,
II du Nom.

Fils puifné de Iean de Murinais premier du nom. Odebert de Murinais fon oncle luy paffa & à Antoine fon frere un acte obligatoire le 1 d'Aouft 1467. où ils font nom-
més fils de Iean de Murinais. Ce Iean H. fut un excellent
Capitaine,& il en donna des marques fous les Regnes de
Loüis XI. & Charles VIII. particulierement en la journée
de Montlery , où combatirent avec beaucoup de courage
& d'adreffe cent quatre Gentils-hommes Dauphinois,
dont cinquante-quatre y perdirent la vie.Celuy-cy écha-
pa afin de rendre encore fervice à Charles VIII. en la bataille de Fournoüe l'an 1495. où la ligue d'Italie fut rom-
puë par ce Prince. Il finit fes jours au Mandement de la
Cofte Saint André dans le Chafteau de la Baftie Gilonay
que Hagues fon fils avoit acquis.Il fit fon teftament le 20.
d'Aouft 1495. dans lequel il fe furnomme du Puy de Murinais, fe dit fils & petit fils de Iean & de Falcon du Puy,
& veut eftre enterré dans le tombeau de fes predeceffeurs
en l'Eglife de Saint André de la Cofte, il y nomme Beatrix

de Montaynard fa femme, & fes enfans.

1. Hugues qui a continué.

2. Imbert Chevalier de l'Ordre de Saint Iean de Hye-rufalem, Grand Prieur d'Auvergne, Seigneur & Com-mandeur de Bourganneuf, paſſa une procuration le 6 de Fe-vrier 1557. à Pierre de Murinais qualifié ſon neveu.

3. Artaude Religieuſe à Montfleury.

4. Ieanne Religieuſe au même endroit.

5. Iſabelle.

HUGUES DE MURINAIS, *Seigneur de la Baſtie Gilonay.*

XIII Degré.

Eut pour femme Loüiſe de Chaſte fille de Charles de Chaſte Seigneur de Geſſans, & de Marguerite Alleman, il en fait mention dans ſon teſtament du 12 de Decembre 1526. où il dit vouloir eſtre enterré dans la Chapelle de Saint Iean Baptiſte fondée en l'Egliſe de Saint André de la Coſte. Voicy ſes enfans.

1. Pierre ſon heritier.

2. François ſe maria avec Françoiſe du Motet fille de Bernardin du Motet Chevalier de l'Ordre de Saint Michel Lieutenant de la Porte du Roy, & de Huguete de Maritain. Il en eut Françoiſe de Murinais épouſe de Iean Loüis de Lattier ſieur de Mantonne.

3. Guillaume. Loüiſe de Chaſte veufve de Hugues de Murinais fit un accenſement au nom de ces trois fre-res qu'elle nomme ſes enfans le 25. de Novembre 1532.

4. Duingarde.

5. Guilemete.

PIERRE DE MURINAIS *Seigneur de la Baſtie-Gilonay, Guidon des gens d'Armes de l'Admiral Hannebaud.*

Il n'avoit pas plus de quinze ans lors qu'il prit le party des Armes, & s'en acquita avec beaucoup de reputation. Il ſuivit preſque toûjours l'Admiral Hannebaud, & fut Guidon de ſes Gens d'Armes. Il eſtoit dans ſes Troupes en Flandres l'an 1543. & ſe ſignala contre les Bourguignons, ſe trouva au Siege Davenes, où l'Armée de l'Admiral eſtoit en forme d'avant-garde à la main droite du Roy. Il fut de l'entrepriſe faite côtre les Imperiaux dans le Faux-Bourg de Mons où il avoit quatre-vingts hommes d'Armes de ceux de l'Admiral. Il ſuivit Hannebaud lors qu'il fut commandé d'aller attaquer l'Empereur juſques dans ſes retranchemens aux marches de la baſſe Picardie. L'an 1544 il fut encore du nombre des Gens d'Armes que l'Admiral mena au ſecours du Duc de Cleves. il fut enſuite mis en garniſon dans Landrecy, & en ayant eſté retiré pour d'autres deſſeins il continua de ſervir juſques en 1547. que l'Admiral Hannebaud ceſſa d'avoir autant de credit à la Cour qu'il en avoit avant que le Conneſtable, Anne de Montmorancy qui avoit eſté diſgracié fut remis en grace. Hannebaud & le Cardinal de Tournon avoient le principal gouvernement des affaires, & le reſtabliſſement du Conneſtable les en éloigna, tellement que Murinais voyant l'Admiral ſans occupation ſe retira en Dauphiné au commencement de l'année 1548. & le 13 de Iuillet de la même année il contracta mariage avec Florie de Gauteret fille de N. Humbert de Gauteret & d'Ennemonde de Chaponay. Cette famille de Gauteret ſe termina par cette fille, elle portoit pour Armoiries de Gueules au Chef d'argent chargé d'un Lyon de ſable. Florie

Gauteret Chaponay.

teſta

tefta le 25 d'Octobre 1557. Et eut pour enfans.

1. Jean Baltefard qui fuit.
2. Michel Prieur de Saint Felix.
3. Bonne alliée à Soffrey de Bocfozel.

Borfozel

JEAN-BALTESARD *de* MURINAIS

XV. Degré

Seigneur de Bofancieu, Liutenant de cent hommes d'Armes des Ordönances du Roy dans la Compagnie du Marquis de Maubec.

On a veu celuy-cy affronter mille perils lors des guerres de la ligue, & fouvent il a eu le bon-heur de contenter les deux partis par fon jugement & fon adreffe, Il fe trouva fouvent avec le Baron de Gordes aux entreprifes qu'il fit contre le brave Montbrun, & lors que celuy-cy fut pris il eftoit parmy ceux qui eurent part à la victoire. Il n'eft point de Ville en Dauphiné dans laquelle ou aupres de laquelle il n'ayt combatu. Il fut dangereufement bleffé aupres de celle de Monteillimart, & lors de l'attaque des Religionnaires contre Valence il eftoit de ceux qui la défendirent avec Paffage & Michalon. Il eut deux femmes, la premiere fut Sibille Haranc fille de N. Antoine Haranc Seigneur de la Condamine. Il l'époufa le 21 de Novembre 1574. L'autre eut nom Françoife Auberjon fille d'Aymar Auberjon Seigneur de Buiffonrond & de la Balme-Murinais, & de Claudine de Murinais. Il la prit le 18 de Fevrier 1582. Par fon teftament qui eft du 30 de Septembre 1614. & par celuy de fa derniere femme du 16 de Juin 1609. j'aprends qu'il eut pour enfans

Haranc.

Auberjon.

Murinais.

Du premier lict.

1. Loüife mariée en premieres nopces à N. Loüis

I

Norolles Bartoly. de Norolles, & en deuxiémes à N. Alphonse Bartoly Seigneur de Saint Bonnet & de la Chance , Chevalier de l'Ordre du Roy. Elle eut de celuy-cy Gabrielle Bartoly épouse de N. Guillaume de Solignac.

Marrel 　　2. Sibille femme de N. Prosper de Marrel.

Du second lict.

　　3 Jean Buffevant mentionné au Degré suivant.
　　4 Melchiol sieur d'Arcoules,
　　5 Jacques Prieur de Mantoz.
　　6 Octavian Chevalier de l'Ordre de Saint Iean de Hyerusalem.
　　7 Isabeau a eu deux maris. Le premier fut Claude *Peloux.* du Peloux , le second a eu nom Pierre Pompée Comte de *Grolée.* Grolée.

XVI Degré,　　JEAN BUFFEVANT DE MURINAIS, *Seigneur de Bosancieu , Gentil homme ordinaire de la Chambre du Roy , Procureur General des Etats de Dauphiné.*

　　Fit alliance par mariage le 29 de Septembre 1609. avec *Servient* Eléonor de Servient, fille d'Antoine de Servient Conseil-*Bailly.* ler au Parlement de Grenoble , & de Diane Bailly. Il a fait connoistre parmy les affaires embroüillées de cette Province qu'il estoit capable de la charge qu'il possedoir, & veritablement par ses soins elle a conservé long-temps une tranquilité que les ennemis du repos public luy vouloient oster. Il testa le 20 de Juin 1633. Et nomme pour enfans.
　　1. Antoine-François qui suit.
　　2 Anne Religieuse à Montfleury.

3. Dauphine Religieufe au méme endroit.

4. Marie femme de N. Claude Davity Confeiller du *Davity*
Roy maiftre ordinaire en la Chambre des Comptes de Grenoble fills de N. Pierre Davity Confeiller du Roy, celebre
par plufieurs volumes des Etats du monde qu'il a donnés au
public. De cette alliance il n'y a que des filles, dont l'une
eft mariée dans la maifon de la Porte l'Artaudiere.

XVII Degré.
ANTOINE-FRANCOIS DE MURINAIS, *Seigneur de Bo-fancieu, de Revel, d'Arcoule, de Moras, de Bellegarde, & de Montfeveroux, Syndic General des Etats Generaux de Dauphiné.*

Epoufa le 8. de Mars 1648. Anne Barbe d'Avrilly fille
de Guillaume Barbe, Ecuyer Seigneur d'Avrilly, & de Marie Sauveat, & fœur de Pierre Barbe Seigneur d'Avrilly, *Sauveat*
qui ayant donné fes premieres années au fervice & aux
voyages, s'eft rendu capable de plufieurs negotiations aupres des Princes eftrangers dont le Roy l'a honnoré, &
dont il s'eft acquité dignement. L'origine de cette famille
eft des frontieres de la Marche & de Bourbonnois, & porte
pour armoiries d'Or à la tefte de bouc de fable. Antoine de
Murinais a peu vefcu apres fon mariage, car il mourut l'année 1657. apres avoir tefté le 11 de Iuillet de la méme année. Il avoit paru à la Cour, & rendu des fervices confide-
rables qui luy avoient procuré la charge de premier Cham-
bellan du Duc d'Orleans frere unique du Roy. Sa femme
eft auffi morte apres avoir tefté le 4 d'Octobre 1665. Voicy
les enfans qu'ils ont laiffez fous la judicieufe conduite de
leur oncle.

1 Abel fuivra.

2. Pierre-François mort depuis peu.

Maillé   3   Marie femme de Henry de Maillé Marquis de Car-
man par contract du 30 d'Aoust 1674

Huchet.   4   Eleonor épouse de Marie Huchet Comte de la Be-
doyere Procureur General au Parlement de Breta-
gne.

5.   Anne Religieuse à Montfleury.

6   Iustine Religieuse au même Monastere.

<table>
</table>

XVIIIDegré.   **ABEL DE MURINAIS** *Seigneur*
de Besancieu, de Revel de Maras.
de Montseveroux, &c.

Est-le seul qui reste de cette ancienne famille du nom
de Murinais. Par les soins qu'il a donnés pour faire revivre
ses ayeuls par mon Ouvrage, il témoigne assez qu'il prend
part à leur gloire, qu'il va suivre leurs traces, & qu'il va les
montrer par son exemple à ses descendans.